普天之下・盡是好書
普天 出版家族
Popular Press Family
凌雲 文創
A-Plus Creative Company

改變想法，就會改變你的做法

CHANGING YOUR MIND WILL CHANGE THE DIRECTION

黎亦薰 編著

改變思考的角度，
就會改變面對事情的態度

卡耐基曾經寫道：

如果在自己非常想要做的事情未能成功，不要立刻接受失敗，
試試別的方法，因為你的弓不會只有一根弦，只要你願意找到另外的弦。

限制我們成就的因素，往往不是缺少機會，而是我們不願意改變根深柢固的想法。
唯有充滿智慧的人，才能夠將失敗化為自己成功的機會，就像蚌能將擾亂它的沙子變成珍珠一樣。
機會隨時會來敲門，就怕欠缺因應的智慧。遭遇失敗、挫折的時候，只要你願意換個想法，往往就能找到反敗為勝的方法。

出版序

改變思考角度，就會改變應對態度

雖然失敗的經驗很痛苦，面對挫折的滋味也並不好受，但只要我們對自己有信心，就一定能看見生活中的每個機會。

激勵大師卡耐基曾經寫道：「如果在自己非常想要做的事情未能成功，不要立刻接受失敗，試試別的方法，因為你的弓不會只有一根弦，只要你願意找到另外的弦。」

限制我們成就的因素，往往不是缺少機會，而是我們不願意改變根深柢固的想法。

唯有充滿智慧的人，才能夠將失敗化為自己成功的機會，就像蚌能將擾亂它的沙子變成珍珠一樣。機會隨時會來敲門，就怕欠缺因應的智慧。遭遇失敗、挫

折的時候，只要你願意換個想法，往往就能找到反敗爲勝的方法。

作家毛姆曾經寫道：「一個人要是跌進水裡，他游泳游得好不好，是無關緊要的。反正他得掙扎出去，不然就得淹死。」

日子難過，不一定是你的過錯，但是，如果想渡過眼前的難關，你就必須試著改變自己的生活。

改變或許要面對層層考驗，但只要你願意嘗試，就能拓展生命的深度和寬度，不再活得那麼痛苦。

風颳得再強，還是會有平息的時候，雨勢再猛烈，最終還是會停歇。

只要我們不失去信心，樂觀以對，就能耐心等到風平浪靜，便能再度揚帆，繼續尋找夢想中的蔚藍海岸。

剛加入行銷界的吉拉德遭遇多次拒絕之後，沮喪的情緒已經到了頂點，所幸

妻子一再鼓勵他：「老公，你不妨想想結婚那時我們不也一無所有嗎？很快地我們便擁有了一切，如今，我們只不過又回到新婚初期而已嘛！放心，我對你很有信心，你一定會成功的！」

一直處在失意中的吉拉德，聽完妻子的話後，精神果然爲之一振，點點頭說：「沒錯，我怎麼會因爲一點挫折就失去信心了呢？我一定要有信心，我現在要找回屬於我的機會！」

重整心情後，吉拉德自信滿滿地來到底特律一間汽車經銷商，對經理哈雷先生說：「請讓我加入您的公司吧！」

經理爲難地看著吉拉德，接著便問他：「你做過汽車推銷工作嗎？」

「沒有。」吉拉德誠實地回答。

經理訝然地說：「沒有？那你憑什麼認爲自己可以勝任？」

吉拉德認眞地說著：「因爲，我曾經推銷過其他東西，像是報紙、房屋和食品……等等產品。」

「就這些？」經理質疑地問道。

「這些就夠了，因爲人們眞正買的是我，我其實是在推銷自己！哈雷先生！」吉拉德自信地回答。

經理笑著說：「不過，現在正値嚴冬，也是銷售淡季，如果我僱用你，恐怕會受其他人責難，再說，這裡已經沒有足夠的暖氣房間給你使用了。」

吉拉德嚴肅地回應：「哈雷先生，您不僱用我將是你的損失，至於其他問題您一點也不必擔心，因爲我不會去搶其他推銷員的生意，也不需要什麼暖氣房，只要給我一張桌子和一部電話就夠了。只要您肯僱用我，我保證，兩個月內我將刷新您最佳推銷員的紀錄！」

哈雷先生看著充滿自信的吉拉德，終於點頭答應，也眞的只給吉拉德一張滿是灰塵的桌子和電話，工作地點就在樓上的一個角落裡。

就這樣，吉拉德開始了他的汽車推銷生涯，他給哈雷先生的承諾，更是不到兩個月的時間內圓滿達成。

思想家盧梭說道：「如果有本領的人，沒有具備化危機為轉機的智慧，也會像沒有本領的人一樣窮困而死。」

絕大多數人的失敗，都失敗在該改變念頭和想法的時候，不懂得下定決心改變。走在人生的道路上，不時會出現阻礙自己前進的「石頭」，必須改變「此路不通」的念頭，設法繞過或踏過那顆「石頭」。

因爲妻子的相信與承諾，我們看見吉拉德發揮潛能，我們也明白了，自信與機會的因果關係。

失敗的時候，你是否也像吉拉德的妻子一般，總是這麼告訴自己：「如今只是回到當初的原點，接下來我們也無須想太多，當初怎麼開始的，今天我們再重新來過，只要我們相信自己，就一定能再把成功找回來！」

人生眞的有很多可能，也許我們會不斷地回到原點，不斷地重新開始。雖然失敗的經驗很痛苦，面對挫折的滋味也並不好受，但只要我們對自己充滿信心，就一定能看見生活中的每個機會。

只要我們能堅強走過，最後一定能找回屬於自己的未來。

法國文豪羅曼羅蘭曾經勉勵身陷困境的人：「只有把抱怨環境的心情，化作奮發向上的力量，才是成功的保障。」

樂觀可以讓精神充滿朝氣，對未來充滿希望，不論置身如何不堪的惡劣環境，不論景氣如何，都必須樂觀以對，才能獲得更多改變現況的機會。

壯志與熱情是夢想的羽翼，自信與堅韌是成功的階梯，只有對生命抱持著積極樂觀態度的人，才能穿越荊棘遍佈的人生道路，渡過眼前的難關，開創璀璨的未來。

• 本書是《改變想法，就會改變做法全集》全新修訂版，謹此說明

PART—1

認真生活，就不會老是退縮

應該知道自己在做什麼，無論我們付出多少，只要每次付出都是用生命去體驗，就應當好好珍惜。

PART—2

智慧，讓你在失望中看見機會

少了智慧，我們便少了生活的領悟，更少了微笑面對困難的勇氣；少了希望，我們便少了樂觀態度，也少了積極突破困境的鬥志。

PART—3

奮力向前跑，就有機會奪標

成功與失敗的分野就在於願不願意加倍付出，別害怕輸在起跑點，只要沒有人抵達終點，我們就還有機會奪標。

PART—4

先接受自己，別人才會接受你

生活上不會有無解的難題，端看你願不願意敞開心把問題解開，你的「心」往哪個方向走，你的世界就會往那個方向去。

PART—5

凡事全力以赴，好運自然眷顧

想要有出頭的機會，光是能力強是不夠的，也必須要有表現的機會，不排斥做分外工作，或許就能在無形中替自己創造好運。

PART—6

運用智慧，活用眼前的機會

大多數人不知道自己到底想要些什麼，即使立即滿足了需求，最後還是會因缺乏宏觀的視野，讓生活不斷地出現紕漏。

PART—7

實踐，就能達成志願

別再讓自己，純羨慕，別人成功實現夢想，人類都已經準備在火星上尋找新的桃花源地了，我們還有什麼夢想不能實現呢？

PART—8

活得積極，人生就精采可期

命運從不捉弄人，那些挫折與困苦其實是必然的磨練，只要一步接著一步地用心走過，成功的奇蹟一定會降臨在我們的身上。

PART—9

何必刻意刺激別人的情緒？

我們無須因為心中生疑，而刻意去挑動人們的情緒；故意煽動對方，並不會讓你確實看見他的真面目，只會讓你的人際關係倒退一步。

PART—10

不必奢求十全十美

在我們生活之中，所有的事物都是自然發生、自然結果，任何刻意的改變並不會讓它變得更加美好，一切只會變得更為虛假。

PART

認真生活，就不會老是退縮

應該知道自己在做什麼，
無論我們付出多少，
只要每次付出都是用生命去體驗，
就應當好好珍惜。

互相幫忙就能找到正確的方向

試著問問別人的意見或換個方向思考，你自然能解開心中的結，即使得一刀剪斷，重新開始，那也會是一個最好的開始。

迷失方向的人，最期待的就是有人能及時伸出援手，帶領自己走出迷宮，幫助自己找到正確的人生方向。

然而，這樣幸運的經歷，並不易見，所以不妨主動開口請求支援，並換個方向看，這樣就看見生活的出口了。

適時尋求別人的幫忙，會讓我們更容易找到正確方向，相對的，如果每個人都能夠用愛心對待周圍的人，這個世界一定會變得更美好。

羅莎老夫人雖然雙眼失明，但是在生活上她堅持要靠自己，絕不依賴他人。每天黃昏時分，她都會獨自外出散步，認爲這樣不僅能鍛鍊身體，還能呼吸到新鮮空氣，強健體魄。

沿著熟悉的途徑，她利用手杖觸摸四周的物體，讓自己熟悉這些事物的位置，她的辨識能力極強，從未迷路過。

但是，生活中難免會有一些改變和意外狀況，這天她再次出門散步，走到某條必經的小路時，手杖卻觸碰不到熟悉的松樹。

原來，人們已經砍倒了一排她散步時必經的松樹。

失去觸碰式的「指標」，羅莎有點亂了方寸，心想：「怎麼不一樣了呢？這下子可麻煩了。」

她停下了腳步，呼叫著：「有沒有人啊？」

但是，停了幾分鐘，四下仍然安靜無聲，完全沒有人走動的聲音。於是，她

又往前走了一兩公里，就在這個時候，她聽見腳底的水流聲。

羅莎驚叫了一聲：「啊！有水？」

她再次停下了腳步，煩惱地猜想：「我恐怕迷路了！我現在一定站在橋面上，底下一定是穿越本郡的運河，這下可糟了，我從來沒來過這裡，要怎樣才能走回家呢？」

突然，在她身後傳來一個男子的問候聲：「太太，您需要幫忙嗎？」

羅莎一聽見身邊有人，立即鬆了一口氣，感激地說：「感謝您啊！好心的人，我散步時迷路了，因爲在我熟悉的路上有一排樹不見了，害我找不到回家的路，還好遇見了您，要不然我眞不知道要怎麼辦，可以請您帶我回家嗎？」

男子爽朗地回答：「沒問題，請問，您住哪兒？」

羅莎太太把地址告訴了他，也順利地回到了家。

好客的羅莎熱情地邀請恩人進屋，想以咖啡和糕點表示謝意。

但是，這個男子卻說：「別謝我，因爲該感謝的人是我。」

羅莎吃驚地問：「你？怎麼會是你呢？」

男子平靜地說：「其實在我遇您之前，我已經在那座橋上站了很久很久。我本來要跳河自殺的，但是，當我看見您需要幫助時，忽然又不想死了，因爲我想到一些未完成的事，我不能就這樣放棄。」

羅莎聽了，開心地笑著說：「是嗎？那你也不必謝我，不如我們一起感謝上帝的巧妙安排吧！」

兩個同時「迷失方向」的人，巧合地相遇，也巧合地幫助彼此找到了繼續前進的方向。曾失去方向的你，是不是很羨慕這樣的巧遇與醒悟呢？那麼要怎樣才能有這些巧遇和自救呢？

故事中藏了一個提醒：「自己的生活要靠自己爭取，即使能力不足，也別急著退縮，因為在每個人的身邊，都會有一個能與你相輔相成，願意伸手支援你的人，只要你願意開口、尋找。」

用微笑代替煩惱，此刻的你，如果心中正纏了一個解不開的結，何不開口請

身邊的人幫忙？

生活上沒有解決不了的問題，面對大大小小的煩惱，和不同難易程度的麻煩，即使被打了個死結，我們也千萬別糾結其中。

試著問問別人的意見或換個方向思考，你自然能解開心中的結，即使情非得已，必須一刀剪斷，重新開始，那也會是一個最好的開始。因爲，在這個結上，你已找到了自己的方向。

你也可以成為生活的最佳主角

無論老天爺給予我們多麼艱困的阻礙，只要決心克服它，即使聽不見、看不見，我們也能實現心中的夢想。

人生眞正需要的東西不是好運氣，而是積極的生活態度。生活遭逢困境絕不是退縮的藉口，條件不好更不是停滯的理由，如果連一位聾人都能成爲最佳女主角，那麼我們就沒有理由埋怨命運不公。

成功當然不會是個偶然，也不是碰運氣的結果，遇到難得機會而備受肯定的瑪莉．麥特琳印證了這一點。

第五十九屆奧斯卡金像獎頒獎典禮進行之時，在激動的氣氛帶動下，典禮一步步地接近高潮。

當主持人宣佈，瑪莉．麥特琳在〈悲憐上帝的女兒〉中表現出色而拿下最佳女主角獎，全場立即響起如雷的掌聲。隨即瑪莉．麥特琳在掌聲和歡呼聲中快步上台，並從威廉．赫特手中接過奧斯卡金像獎座。

看得出來瑪莉．麥特琳十分激動，有很多話要說，只見她扯動了一下嘴角，接著把雙手舉高，開始打起手語。

原來，新科影后不僅無法說話，而且是個聽不見的聾人。

其實，瑪莉剛出生時是一個健康正常的孩子，不過十八個月之後，一場高燒奪走了她的聽覺和說話能力。

但是，這位聾啞女孩對生活卻充滿了熱情。從小就喜歡表演的她，八歲時便加入了聾啞兒童劇院，九歲便正式登台表演。十六歲那年，瑪莉離開了兒童劇院，雖然失去了表演舞台，但她並不氣餒，主動參與各種表演機會，特別是聾啞兒童的慈善義演。

從中，瑪莉更認識到自己生活的價值，努力地克服自卑的心理障礙，並充分地利用這些演出機會，提高自己的表演技巧。

十九歲時，瑪莉終於爭取到舞台劇〈悲憐上帝的女兒〉的表演機會，雖然只是分配到一個小角色，但是這個小角色卻讓她有機會登上大銀幕。

當時，女導演蘭達．海恩絲決定將〈悲憐上帝的女兒〉拍成電影，四處尋找適當的女主角人選，卻始終都找不到令她滿意的演員，一直到她看完了瑪莉在舞台劇〈悲憐上帝的女兒〉的錄影後，才驚呼道：「就是她了！」

從小角色到女主角，瑪莉也終於實現了心中的夢想，用實力爭取到機會，並再次讓人們肯定她的表演天分。

電影裡，女主角一句台詞也沒有，全靠豐富的眼神、表情和動作來表現心中的矛盾與複雜的內心世界。無論是自卑與不屈的精神，還是喜悅和沮喪的臉龐，瑪莉都表演得入木三分。她用心學習與表現，十分珍惜這個表現機會，對於瑪莉專業的態度，與她合作過的伙伴無不稱讚。

就這樣，瑪莉．麥特琳真的成功了，成爲美國電影史上第一位聾啞影后的她，

最後一個手語想表達的是：「我的成功，相信對任何人，不管是正常人，還是殘疾人士，都會是一種鼓勵。」

無論老天爺給予我們多麼艱困的阻礙，只要決心克服它，即使聽不見、看不見，我們也能實現心中的夢想。

面對乖舛的命運，瑪莉從不認命，即使只是個小女孩，她也知道，認眞與執著是成功的不二法門。看著她從兒童表演劇團裡確定自己的人生方向，到積極地實踐心中夢想，我們也再次相信「成功絕非偶然」。

在瑪莉的手語裡還告訴我們：「我都成功了，你為什麼不能？機會就在你手中，為什麼要輕易放棄？堅持真有那麼難嗎？快站起來吧！」

未來要靠我們自己去拓展，絕佳機會也需要積極的行動力來配合。只要你願意再認眞一些、積極一些，也可以成爲生活中的最佳主角！

給自己一個積極前進的好理由

面對阻礙，有些人會激勵自己越挫越勇，不達目標絕不放棄；另一些人則一遇阻礙便急著退縮，而且總有許多理由解釋推託。

限制我們發展的，往往不是缺少機會，而是根本沒察覺機會就在自己身邊；導致我們陷入困境的，通常不是環境惡劣，也不是景氣糟糕，而是我們太過僵化，不願改變根深柢固的想法。

生活的確需要很多理由，只是大多數人的理由不是用來鼓勵自己，而是爲自己找退縮、放棄的藉口。

相反的，對於樂觀進取的人來說，好的藉口是用來舒緩壓力與反省失敗的方法，好的理由則是他們勇敢前進的最佳助力。

遇見困難時，你會給自己什麼樣的理由？

從小就熱愛音樂的小約翰史特勞斯，一直在充滿阻力的音樂路上前進，雖然他的父親也是從事樂團指揮工作，但卻一點也不支持小約翰史特勞斯。對老約翰史特勞斯來說這是條不歸路，他不希望孩子步入自己的後塵，更不相信孩子會在這個領域闖出什麼名堂，因爲他自身的情況可以證明這一切。

但是，熱愛音樂的小約翰史特勞斯卻怎麼也不肯放棄，雖然家庭的阻力很大，可是他一點也不屈服，反而更加積極地朝著自己的夢想目標前進，他堅持：「我只想在自己鍾愛的音樂裡生活，那才叫人生！」

秉持著這份執著，勤奮學習的小約翰史特勞斯，在熱忱與興趣支持下，迅速地成爲樂壇的另一顆新星。

有天，受到各方矚目的小約翰史特勞斯與父親進行比賽，他們各自帶領著樂團出場，最後結果是小約翰史特勞斯獲勝。第二天，維也納的報紙上刊登了一個

斗大的標題：「晚安，老約翰史特勞斯；早安，小約翰史特勞斯！」

這是意指小約翰史特勞斯的父親已經老了，而正值年少的小約翰史特勞斯如朝陽初升，必定會獲得更大的成就。

面對這些的評論，老約翰史特勞斯也不得不承認自己的音樂熱情與成就比不上兒子。在這場比賽過後，他轉而全力支持兒子的選擇，不斷地鼓勵他：「孩子，你一定能闖出名堂！」

有了家人們的支持，小約翰史特勞斯再也沒有後顧之憂，更加積極努力，接連創作了人們耳熟能詳的〈藍色多瑙河〉、〈維也納森林的故事〉和歌劇〈蝙蝠〉等作品，後人將小約翰史特勞斯這一段輝煌時期稱之爲「金色世紀」，還推崇他爲「圓舞曲之王」。

當阻力出現時，你是否也能像小約翰史特勞斯一般堅持到底，你是否知道該如何說服否定你的人呢？

因爲熱情也因爲執著，面對重重阻礙，小約翰史特勞斯未曾有過放棄的念頭。爲了能實現人生目標，對於家人們的第一重阻力，他只能積極地爭取好成績來證明自己的能力。

有付出就一定會有收穫，當小約翰史特勞斯的表現超越了父親，父親這才知道兒子的熱情與天分，也終於知道孩子有著自己的夢想要實現，一如當初自己的築夢過程一般。

我們心中都有夢想，希望有一天能排除萬難實踐它，然而面對阻礙的態度，有些人會激勵自己越挫越勇，不達目標絕不放棄；另一些人則是一遇阻礙便急著退縮，而且他們總是有許多理由解釋推託。

小約翰史特勞斯勉勵自己奮鬥不懈的理由是：「我的人生除了音樂再無其他，不管什麼阻礙，都不能讓我放棄生命的原動力，少了音樂，我的人生將不再精采！」

這是小約翰史特勞斯要求自己積極前進的動力，不知道你給自己繼續前進的理由是否充足呢？

充實好你的能力再上路

在這次表現機會中，如果實力累積不夠反而讓自己頻出狀況，甚至最後變成出醜，那麼你錯失的機會將不只這一次！

在每一次發揮的機會中，我們有多少能力可以展現，除了我們自己，沒有人知道。如果明知自己表現不夠好，不如現在就認眞檢視自己，先好好地充實自己的能力後再說吧！

人生的機會不多，絕對不能輕易地浪費任何一次難得的機會，每次上場都務必力求最佳表現。

一場大規模音樂會的主持人親自向瑞士鋼琴家塔爾貝格邀約，希望大師能夠撥出時間蒞臨表演。塔爾貝格微笑問他：「請問演奏會什麼時候舉行？」

主持人回答：「下個月一號。」

沒想到塔爾貝格聽到後，卻推辭說：「對不起，如此一來練琴的時間一定不夠，我無法參與這場盛會了。」

主持人一聽，不解地問道：「這個……請問，以大師您的造詣，還需要很多時間練習嗎？」

塔爾貝格聽見主持人這樣問，吃驚地回答：「當然要啊！因爲，我想演奏一些新曲目，但是這些新曲目至少需要一個月的練習時間。」

主持人又問：「三天時間不夠嗎？平常的音樂家準備一場演奏會也只要四天左右，像您這樣優秀的音樂家怎麼需要那麼多時間呢？」

塔爾貝格搖了搖頭說：「你怎麼會這麼想呢？我每次發表新作品時，至少要

練習一千五百次，否則我根本不敢出場表演！我一天大約要練習五十次，所以至少需要一個月的時間。如果你願意等一個月，我就可以答應你出席表演，否則無論你怎麼說，我都會拒絕這次邀約。」

因爲對演奏的責任感，也因爲堅持要讓每一個音符都能完美呈現，所以塔爾貝格堅持一個月的練習時間。對他來說，實力比機會更爲重要，也更相信，只要能表現完美，即使表演機會只有一次也已經足夠。

這正是大師級的音樂家與普通琴師的不同處。一個只練習幾天的琴師與力求完美表現的音樂家，聽衆一聆聽，一定能輕易分辨其中的不同吧！

如果還不知道怎麼樣求得成功，仔細想一想大師在故事中訴說的主旨：「踏實地累積實力，力求完美表現，你的名聲自然會永不墜落。」

當你得到表現機會，別忘了，在這次表現機會中，如果實力累積不夠反而讓自己頻出狀況，甚至最後變成出醜，那麼你錯失的機會將不只這一次！

實力是堅持的重要支柱

你可以堅持己見，並在行動後證明自己的判斷正確，但前提是，
你必須為自己的堅持負責。

你的意見總是得不到別人認同嗎？

其實，不管哪一種組合，講究的都是實力原則。想讓自己的意見得到認同並不難，只要你的能力能獲得人們的肯定，自然而然就會表現出積極行動的勇氣，並以十足的信心發表自己的看法。

只要有了信心與勇氣的支持，無論多麼頑固的對手都一定會被你說服。

生長在軍人家庭的麥克阿瑟，從小便立志成爲偉大的軍人。

一九四四年六月，麥克阿瑟擔任太平洋戰區總司令時，美軍已經完全控制了新幾內亞和馬來西亞群島。就在他們開始研商下一步的作戰目標時，麥克阿瑟與海軍將領們的意見竟出現了嚴重分歧。

參謀長聯席會表示：「海軍上將哈爾西建議先繞過菲律賓，然後攻取台灣，這樣才能早日進攻日本，加快戰爭的進程。」

但是，麥克阿瑟卻說：「不行，我們要先攻取菲律賓。」

雖然麥克阿瑟知道，白宮方面一致傾向繞過菲律賓這個方案，其中包括總統和陸軍參謀長等人，但是他仍然堅持自己的意見。爭執到最後，甚至有人說他想拿自己的職位來開玩笑。

但是，他認爲：「想加速攻取日本根本行不通，繞過菲律賓直接攻取台灣更是軍事戰略上的錯誤！」

當時的太平洋海軍司令尼米茲也贊同大多數人的意見，認為繞過菲律賓進攻台灣的方案較好。

然而，在麥克阿瑟強烈要求下，羅斯福總統不得不親自飛到珍珠港召開緊急會議，當面聽取他的意見。

麥克阿瑟在會議上據理力爭，說道：「不奪取菲律賓，我們就會被日本完全封鎖，結果反而會使菲律賓陷入孤立，如果我們不能立即進攻菲律賓，那不僅會讓美國背黑鍋，更將失去東南亞人民的信任。」

羅斯福、尼米茲和頑固的海軍上將哈爾西等人，最後都被麥克阿瑟說服，尼米茲承認他「莫名其妙地放棄了自己的計劃」，答應全力支持麥克阿瑟所需的運輸補給和海軍支援。

獨排眾議的麥克阿瑟，不僅讓人們相信他的論點，更在這場戰役中充份展露他的軍事才能，最後獲得五星上將殊榮，可說是實至名歸。

凡事能夠堅持己見的人，大多數都很清楚自己的目標。在他們身上，我們不僅看見了他們的樂觀、自信，更會聽見他們深具遠見的計劃。

就像麥克阿瑟將軍展現的典範，只要我們確信自己的判斷無誤，知道自己確實有能力執行計劃，就要勇於爭取機會。因爲，機會可能只有一次，錯過了恐怕再也無法取得。

凡事都是一體兩面，無論正反，我們都應當細心考量，畢竟每個人只有一個未來。不必問老天爺會給我們什麼樣的明天，只問自己：「我的下一步準備好了沒？這一步我是否能紮紮實實地踏下？」

下一步到底該怎麼走，其實並不難選擇，就怕我們根本不知道該往何處去。

所以，你應該做的第一件事是認清自己未來的方向。

從小立志成爲軍人的麥克阿瑟明確地告訴我們：「你可以堅持己見，並在行動後證明自己的判斷正確，但前提是，你必須為自己的堅持負責，絕不能有任何偏差與失誤。」

認真生活，就不會老是退縮

應該知道自己在做什麼，無論我們付出多少，只要每次付出都是用生命去體驗，就應當好好珍惜。

眞理不一定適用於每一個人和每一件事，無論聽見多麼權威的說法，我們都必須帶著懷疑的態度審愼求證。因爲，就算是頂尖的專家，也會有誤判的時候，我們若一味跟隨而不深入思索，就得承擔最後的結果。

別把權威當靠山，人生中最好的靠山，始終是我們自己，只要樂觀以對，我們就不會老是選擇退縮。

在百老匯的社會圖書館裡，詩人愛默生的演講激勵了年輕的惠特曼：「誰說我們沒有自己的詩篇？我們的詩人文豪就在這裡啊！」

文學大師這一席慷慨激昂的演講，令台下的惠特曼激動不已。此刻，他的體內熱血沸騰，腦海中好似有一股力量正在升溫：「對！我要走進各個領域、各個階層和各種不同的生活中，我要傾聽大地與人民的心聲，我要創造出不同凡響的詩篇！」

在愛默生激勵下，惠特曼的《草葉集》很快地問世了，這本熱情奔放的詩集，突破了傳統格律的束縛，以全新的形式表達了民主思想，以及對於民族和社會壓迫的強烈抗議，每一個字都充滿了率真的情感。

《草葉集》的出版讓遠在康科德的愛默生十分激動，高聲歡呼：「誕生了！你們期待的美國詩人已經誕生了！」

愛默生給這些詩非常高的評價，稱讚這些詩是「屬於美國的詩」，而且是「充滿奇妙的、無法形容的魔力」。

雖然愛默生如此讚揚惠特曼，但在這此之前，突破傳統的《草葉集》其實飽受學院派批評，一些較保守的報社還把它批評得一無是處，後來，因爲愛默生的褒揚，各家報刊才換了口氣，轉而推崇這本詩集。

不過，由於表現手法太過前衛，讀者們一時間還無法接受，第一版的《草葉集》並未因愛默生的讚揚而暢銷。

但是，惠特曼卻從此增添了無比的信心和勇氣，一八五五年底詩集再版，裡面還收錄了二十首新完成的詩歌。

一八六〇年，惠特曼準備印行第三版《草葉集》時，決定再將新作品補上。但是這一次愛默生卻勸阻惠特曼：「你應該刪除其中幾首關於『性』的詩歌，否則第三版不容易暢銷。」

惠特曼不以爲然地問道：「爲什麼？刪了這幾首詩就會是好書嗎？」

愛默生婉轉地向他解釋說：「我的意思是說，它還是本好書，只是，刪了會變得更好！」

執著的惠特曼卻堅持不讓步，他搖頭說：「我的靈魂從來不會服從於任何束縛，它們只想走自己的道路。《草葉集》裡的任何一首詩都不應該被刪改，我要任由它自己繁榮或枯萎！」

「我認爲，世上最差的書就是那些被刪改過的書，因爲刪改意味著向世俗投降……」惠特曼堅定地說。

第三版《草葉集》刊印了，而且一上架便被搶購一空。不久，它還跨越了國界，被翻譯成各種不同的語言，在世界各地流傳。

因爲惠特曼的堅持，我們今天才能讀到如此精采且發人深省的詩集。

其實，詩人是很感性的，無論是對社會還是個人，他們總是不吝於付出關懷，他們十分執著於生命價值的尊重與個人靈性的發展，所以惠特曼對於自己孕育的詩文會這麼堅持。

換個角度看，正因爲惠特曼認眞、負責地生活著，所以對於生活中感悟到的

隻字片語會如此堅持，我們面對自己的工作和生活中的一切，是否也能像惠特曼一般擇善固執？

如果還不能，是否意味著我們根本沒有認眞生活，所以習慣退縮，對手中的一切輕易放手呢？

「你應該知道自己在做什麼，更應該知道自己擁有什麼。無論我們付出多少，只要每次付出都是用生命去體驗，就應當好好珍惜。」這是惠特曼在故事中給予我們積極的人生觀。

是的，人生不能一味退縮，只要生活中每一步都踏得深刻，無論風雨多大，也不能抹滅我們走過的足跡。

專注是最重要的生活態度

只要從前人的日常生活中去找尋，我們便能輕易地發現成功的方法和技巧，然後應用到我們的日常生活中。

其實，和一般人的遭遇相比，名人的故事同樣平淡無奇，然而，他們的經歷為什麼能不受時空限制不斷地啓發我們？

原因無他，因為再平凡的事情發生在他們身上，他們依舊能創造出前所未有的奇蹟，並從小事情中展露出連他們自己都想像不到的潛能。

從小，愛因斯坦就是個喜歡動手動腦的孩子，遇到新奇的事物就會反覆研究，得出自己想要的結果。

五歲生日那天，父親送給他一個羅盤。自從有了這個羅盤之後，愛因斯坦開始沉迷在羅盤的世界裡，也因爲太過投入了，小小年紀居然出現了精神恍惚、沉默不語的研究慣性，父母親還一度以爲他生了什麼怪病呢！

上小學後，愛因斯坦便對美勞課程特別感興趣，也非常用心創作。

有一天，老師教導學生利用廢棄的材料來製作自己最喜歡的物品。只見孩子們拿出各式各樣的材料，有破布、黏土和蠟燭……等等開始構思；在孩子們的巧思下，黏土很快地便變成了漂亮的雞鴨，破布也變成了小狗，蠟燭則變成了可愛的水果……

「愛因斯坦，你的呢？」老師微笑地看著小愛因斯坦。

愛因斯坦的小手輕輕地捧著作品到老師面前，是個小板凳，老師低頭一看，居然差點笑出聲來。

儘管愛因斯坦很喜歡美勞課，但是小手仍嫌不夠靈巧，作品還是有些粗糙。

看著這個簡陋的小板凳，老師笑著說：「嗯，我想世界上再也沒有比這個還糟糕的小板凳吧！」

孩子們聽見老師這麼說，忍不住哄堂大笑起來。

然而，就在笑聲中，愛因斯坦卻大聲地說：「錯！還有兩個比它還要醜！」

小愛因斯坦跑回坐位，從抽屜裡拿出另外兩個小板凳，對老師說道：「你看，這兩個是不是更醜？這個是我第一次做的，這個是第二次做的，你手上的那個是第三個，雖然還不是最好的，但是它比這兩個還要好一些。」

老師驚訝地看著小愛因斯坦，接著仔細地看著他手中的三個小板凳，笑容再次展現，點著頭說：「這孩子眞是可愛啊！」

小小的板凳表現出來的，不只是愛因斯坦可愛的童眞，還有他自小就展現出的鍥而不捨的精神，以及勇於面對自己缺點的誠實態度。

追求完美的愛因斯坦，小小年紀便知道只要努力不懈就一定會有成果，雖然

第三個小板凳未盡完美，但是只要時間充裕，自己一定能創作出完美的作品，就是因爲秉持著這樣的精神，才有日後的輝煌成就。

只要從前人的日常生活中去找尋，我們便能輕易地發現成功的方法和技巧。例如，愛因斯坦投入羅盤世界裡的專注，創作小板凳時的認眞執著，都是我們應該學習的生活態度。

除此之外，不知道你還得到了什麼啓發？

成功和景氣、運氣沒有必然關係，細心體會名人面對事情的態度，然後應用到我們的日常生活中，下一個創造傳奇的人或許是你！

你可以開開心心做自己

沒有人需要自卑，更沒有人應該受人否定。無論是外貌美醜或是人生成就高低，我們都不必受制於別人的批評。

我們要努力地保有自己的個性，因為，一旦失去了自我，不管我們怎麼模仿別人，都是一個隨手可拋的複製品。

雖然想「好好地做自己」並不容易，但是只要我們不再介意別人的眼光，多給自己一點信心，就會發現，原來自己行動的勇氣是那樣的強勁，況且，相信自己的能力也比期待別人的認同來得實際。

伊苔絲的個性十分內向，對自己更是充滿自卑感，每當站在鏡子前面，總是惱怒地想著：「我怎麼看起來這麼胖？」

她的母親經常這麼斥責她：「伊苔絲，衣服別老是穿得那麼窄，寬一點的衣服比較舒服啊！」

雖然母親不認同女兒的審美觀，然而伊苔絲卻從不聽勸，一旦被迫穿上寬衣服，便不會踏出房門一步，因爲她總是煩惱著：「穿這件衣服我看起來更胖了，我才不要和同學們玩，我一定會被笑！」

因此，伊苔絲從不和其他孩子們一起活動。

非常害羞的她甚至覺得，自己和其他人都「不一樣」，自己是個不討人喜歡的女孩。

從小便自卑的伊苔絲，長大之後也不見好轉。後來，她嫁給一位比她大好幾歲的丈夫，但是她的性格卻仍未改變。

儘管夫家上下對她十分疼愛，伊苔絲始終都很沒自信，但是爲了不讓丈夫失望，不得不鼓起勇氣參與各種宴會。爲了維護丈夫的面子，她只得強顏歡笑，只是這樣虛情假意的表現，讓伊苔絲感到厭煩。

「我到底在做什麼？爲什麼我要活得這麼不開心呢？」每一次宴會結束後，伊苔絲都煩躁地質問自己。

由於情況越來越嚴重，伊苔絲竟然有了輕生的念頭，因爲她一直覺得自己表現很差，根本是個沒有價值的人。

這天，伊苔絲坐在花園裡看著天空，婆婆正巧走了出來，婆媳兩個人就這麼坐在花園裡聊天。

伊苔絲問婆婆：「媽，您是怎麼教育孩子的，爲什麼他們總是這樣開心且充滿自信呢？」

婆婆笑著說：「沒什麼特別辦法啊！我對他們只有一個要求，盡力做自己就好，盡力表現出自己的特色就夠了。」

「盡力做自己！」伊苔絲的腦海中不斷地重複著這句話，因爲這是她第一次

聽見對自己的鼓勵。

就在那一剎那間，她發現：「爲什麼我會活得這樣辛苦？原來，我從來都沒有盡力表現自己，我根本是活在一個空殼裡，也一直處在不適合自己的環境中，不知改變生活啊！」

伊苔絲看著天空，忍不住喃喃地說道：「是啊，我應該有自己的特色才是，我應該會有優點，我想我一定有和別人不同的地方！」

「妳當然有！」婆婆微笑地鼓勵她。

一定有許多人和伊苔絲一般，因爲充滿了自卑的心理，以致於耳邊不斷地聽見否定的聲音。只是，他們很少發覺，這些否定從來都不是發自於別人的嘴巴，反而大多數來自於他們自己。

他們經常會對自己說「我不行」或是「我會失敗」，所以他們根本不必敵人出手攻擊，早就被自己打倒在地。

「不必管別人如何看待，你只要好好地做自己，表現出自己的特色就對了！」這不只是故事中婆婆教育孩子的方法，也是她刻意給予伊苔絲的勉勵，更是她想與我們分享的生活態度。

沒有人需要自卑，更沒有人應該受人否定。無論是外貌美醜或是人生成就高低，我們都不必受制於別人的批評。

日子是我們自己在過，如果不能面對自己，老是受困於別人的眼光，想擁有開心的生活恐怕比登天還難。

不要盲目地跟從別人的希望與要求，勇敢地走出自己想走的路，讓每一個笑聲都能發自內心，讓原本的自己充分表現出來。

那麼，我們抬頭看見的都必定是寬廣的藍天，更是一個完全屬於我們，自在悠遊的天空。

2

PART

智慧，讓你在失望中看見機會

少了智慧，我們便少了生活的領悟，
更少了微笑面對困難的勇氣；
少了希望，我們便少了樂觀態度，
也少了積極突破困境的鬥志。

掌控自己的命運，就不會厄運纏身

沒有人可以逼你放棄希望，即使狂風暴雨也不能吹熄你的夢想，
因為真正能掌控我們的人，只有我們自己。

作家蒙泰朗曾經說過：「耗盡我們生命的，與其說是重大的悲劇，不如說是瑣碎的小事。」

其實，人生是苦樂參雜的一趟旅程，笑著過是人生，哭著過也是人生，全看自己如何選擇。想要掌控自己的命運，就必須學會適時放下過去。

如果，你經常爲了小事鬱鬱寡歡，在你的腦海中只有不幸的念頭，那麼在你的現實生活中必定會是不幸的。

因為，不適時放下，你的生活腳步會跟著心的方向前進，朝著「不幸」的方向走去，這不是什麼神奇巫術，而是心理學上常說的「自我暗示」。

博格在二十五歲，事業到達巔峰那年，正準備迎娶美嬌娘。

然而，就在這時，厄運找上了他。

那天，他和一位朋友開著車，要到未婚妻家談論婚禮的事，由於路途遙遠，博格開了八個小時之後，發覺自己精力似乎不太行了，於是請朋友來駕駛，豈料從此改寫博格的命運。

開夜車實在是件很辛苦的事，除了視線不佳之外，體力也是一大考驗。一個半小時之後，朋友就因打瞌睡，伏在方向盤上睡著了，失去掌舵的方向盤，就這樣連人帶車朝山壁撞去，車子停下來時，博格已經不醒人事了。

當他醒來時，醫生宣佈他半身癱瘓，於是博格新的生活便在這種情況下重新寫過。醫生說，他再也不能開車了，生活上也得完全依靠他人，甚至還有人建議

他，別再提結婚的事了。

博格心中非常害怕，害怕醫生的話將變成事實，躺在床上想：「我的希望和夢想還在嗎？我還能從頭開始嗎？」

博格閉上了雙眼，害怕看見眼前的世界會是一片黑暗。

這時，母親來到他身邊說：「孩子，一切都會過去，然後你會發現，你的生活將比過去更精采。」

博格深深地思考母親的話，忽然感覺到希望和熱誠的光芒正環抱著他，因此下定決心：「我不能就這麼放棄！」

從那天起，博格非常努力地做復健，慢慢地可以走動，也可以開車了。

一年後，博格沒有像醫生預期的癱瘓在床上，完全靠自己的力量打理生活，絕不假手於他人，不久美嬌娘也娶進門了。博格後來開了一家公司，也成爲一名專業的評論家，還寫了一本《奇蹟如此發生》的暢銷書。

爲什麼博格能完成種種不可思議的奇蹟？

因爲，他只記得母親的鼓勵話語，並拒絕了醫生和其他人的喪氣話。

如果博格當初選擇了醫生和朋友們的喪氣話，拒絕了母親的鼓勵，相信眞的要一輩子躺在床上，靠別人生活了。

還好，博格並沒有那樣選擇，他聽信了母親的話，也選擇了自己想要的夢想人生，積極地改寫自己的命運，不讓厄運纏身，因爲他清楚地知道：「未來就在我手中，我必須靠自己力量再站起來。」

看著博格的積極態度，還在埋怨天不從人願的你，何不用微笑代替煩惱，讓夢想再次走進你的心田，讓陽光繼續照耀你的希望種籽呢？

沒有人可以逼你放棄希望，即使狂風暴雨也不能吹熄你的夢想，因爲眞正能掌控我們的人，只有我們自己。只要我們不放棄，就沒有人能帶走我們的希望，也沒有人能奪走屬於我們的機會！

手上的機會你會怎麼把握

用心領略書中的旨意與知識，活用到自己的生活中。仔細推敲主角人物的成功經歷，然後看見自己的希望未來。

日本心理學家石川達三曾說：「對於不懂得充實自己的人，就算揚名立萬的機會出現，又有什麼用呢？機會一向嘲笑不肯努力的人。」

人生就是這麼一回事，你多把握住一些，生活就會比別人多擦出一點炫麗火花；只要我們能比別人多發揮一些，人生自然會比別人更加精采。

有一天晚上，在喀山附近有一間房子突然失火，不久便竄出熊熊烈火，眼看大火就要吞噬整個房子了，就在這個時候，突然有個年輕人雙手抱著木箱，從閣樓窗口一躍而下。

跌坐在地上的年輕人身上還不斷冒著煙，但才剛逃出火口的他，一點也不顧自己的安危，立即起身，著急地拾起因爲木箱摔破而灑落一地的書本。

這個年輕人正是俄國文壇最重要的人物之一，高爾基。

高爾基有句名言是這麼說的：「書是人類進步的階梯，更是所有年輕人不可分離的生活導師和伙伴。」

所以，他不顧生命安危，衝上閣樓搶救這些書，雖然爲了救出這幾本書，他的頭髮被燒光，衣物也被燒壞了，但是當他看見一本本完好無損的書，一切犧牲都是值得的。

據說，高爾基的閱讀習慣是外祖母給的。從小便經常在他耳邊講述民間故事的外祖母，雖然很早就離開他了，但是他愛好閱讀的習慣卻從未消失，即使十歲就被迫休學，也從未放棄任何閱讀的機會。

高爾基十歲開始過著流浪生活，不過，這段流浪生涯卻帶給他極其豐富的靈感來源與創作題材。

有一回，他找到一份在輪船上洗碗打雜的工作，在這裡遇上了人生中的第一位老師，廚師斯穆勒。斯穆勒是個愛書人，經常要求高爾基要多看書，偶還會要求高爾基朗讀書籍內容給他聽，這些經歷也促成了高爾基愛書的習慣，因爲高爾基相信讀書的意義極大！

這時開始，高爾基與「書」結下了不解之緣，雖然只有兩年的小學教育，但高爾基並不自卑，反而更懂得把握時間學習識字、寫字，一天辛苦工作完後，晚上便是他最重要的讀書時間。

由於晚上不能點燈，高爾基便偷偷地收集燭盤上的蠟油，利用沙丁魚罐頭燃燒著短棉線的光源，積極地讀書。在這樣艱苦的閱讀環境下，他總是這麼告訴自己：「這些書是你唯一的希望。」

想改變生活，你就必須先放下哀怨的心態，試著改變自己的生活。改變或許要面對層層考驗，但只要你願意活用智慧，就能拓展生命的深度和寬度，不再活得那麼痛苦。

高爾基千方百計地找書讀書的奮鬥歷程，想必讓隨處都有著閱讀機會，卻不知珍惜的我們深感汗顏吧！

愛書惜書的高爾基，珍惜著每一個閱讀機會，因爲他看見的不只是書中文字，還有從書中見到的人生新視野。

對高爾基來說，生活原本就充滿各種可能，即使這一秒吃盡苦頭，只要不輕易放棄自己，下一秒自然能看見未來希望。

所以，面對困厄艱難的人生，他沒有抱怨，只有微笑以對。因爲從書中他領悟到：「用心領略書中的旨意與知識，活用到自己的生活中。仔細推敲主角人物的成功經歷，然後看見自己的希望未來。」

智慧，讓你在失望中看見機會

少了智慧，我們便少了生活的領悟，更少了微笑面對困難的勇氣；少了希望，我們便少了樂觀態度，也少了積極突破困境的鬥志。

法國思想家拉羅什富科說過：「不論遭遇多麼不幸的事，智者總會從中獲得一些利益，不論遇到多麼幸運的事，愚者還是感到無限悲傷。」

無論外在的環境如何惡劣，無論眼前的際遇如何不堪，如果你想增強自己的價值，想讓自己活得更好，那就必須鼓起勇氣面對。

人生中最重要的事，不在物質上的享有，而是領悟生命；真正富足的生活，不在金錢財富的累積而是心靈上的充實。

所以，身爲父母親，與其給孩子們金錢，還不如送給他們足以影響一生的智慧作爲禮物。

迪樂雖然出生在貧窮人家，但在溫暖和諧的家庭氣氛中，從不覺得家境貧困有什麼不好。

當有錢的小孩們享受著富裕的生活時，迪樂從不羨慕，因爲父親經常對他說：「孩子，精神的富足與快樂才是眞正的快樂。」

冬雪開始輕飄，耶誕節就快到了，玩伴們也紛紛帶來了父母贈送的耶誕禮物，有人直接將新衣服穿出來，有人則帶著金飾甚至是金幣四處炫耀。

看見朋友們個個都大豐收，迪樂忍不住嘟著嘴來到父親身邊，問道：「爸爸，我的耶誕禮物呢？」

迪樂的父親一聽，立即笑著說：「別擔心，你的禮物早就準備好了。」

迪樂聽見父親的話，臉上立即堆滿了笑容。只見父親拿了一個小竹筐，裡頭

裝滿了一顆顆飽滿的馬鈴薯。

迪樂似乎有些失望，這時父親立即開導他：「孩子，你可別小看這份禮物哦！想一想，你可以把它們拿到鎮上去換些自己想吃的零食，還可以現在就把它烤來吃，當然，你更可以等到春天來臨時，再次把它們種進土裡……總之，無論你想怎麼處理，這一筐馬鈴薯現在完全是屬於你。」

迪樂想著：「雖然它不像金幣那樣漂亮，也不像新衣服那樣舒服，不過也不錯，我不但可以拿一些去換點零食，其他的晚一點烤來吃，剩下的還能種進土壤裡等待豐收。」

決定之後，迪樂在第二年春天來臨時便將馬鈴薯種進土裡。

這年春天，當地遇上了一場嚴重的蟲害，遮天敝日的蝗蟲幾乎把植物全啃光了，唯獨迪樂的馬鈴薯除外。

蟲災過後便是飢荒，富人們捧著金幣卻買不到一粒米糧，只有迪樂一家人尚有馬鈴薯可以充飢，善良的迪樂還將多餘的馬鈴薯分送給衆人，總算讓大家度過這個荒年。

迪樂直到這一刻才明白：「他們擁有的只是片刻的快樂，但父親給我的卻是一個希望，一個可以一輩子快樂的希望。」

在猶太人的教育中，父母都會灌輸他們的孩子這個觀念：「孩子，你什麼都可以放棄，唯獨智慧不可以。好好累積你的智慧，因為有一天你會失去一切，唯獨智慧不會消失。」

這是猶太人堅持傳承的生活智慧，也是我們應該學習的生存之道，就像故事中迪樂的父親一樣，只要我們能用心體會其中的教訓，無論眼前遇到了什麼阻礙，我們都能見到希望之光。

「智慧」與「希望」是生命中重要的伙伴，少了智慧，我們便少了生活的領悟，更少了微笑面對困難的勇氣；少了希望，我們便少了樂觀態度，也少了積極突破困境的鬥志。

每天都要認真地生活

每次吹熄一根蠟燭，我們便越接近人生盡頭，關於明天的事，我們不必想太多，只要知道好好珍惜，竭盡所能地生活就夠了。

人生是快樂或痛苦，端視你看待生活的態度而定，只要你能在當下善用每一刻，認眞地生活，不僅可以讓短促的生命延長，更可以讓人生變得更加精采。一個人唯有徹底認識自己，才不會浪費無謂的生命，也唯有懂得生命眞諦的人，才可以使短暫的生命無限延長。

不想人生有所遺憾，每一天我們便要用心生活；不希望生活再有後悔，每一刻我們都要珍惜把握。

每個人的生活環境大致相同，彼此生命中所能遇到的機會也幾乎均等，關鍵在於，如果有人比你更加樂觀、努力，那麼他的成功機會自然比你還多，生活也會過得比你快活。

剛剛吹熄五十五根蠟燭的愛迪生，連蛋糕都還沒吃，老朋友便問他：「愛迪生，你已經五十五歲了，未來還有什麼計劃嗎？」

愛迪生感覺朋友對他的生活似乎有些疑惑，因此想也沒想立即給了他一個答案：「不必計劃了！因爲從現在開始到我七十五歲生日那天，我會一直待在實驗室裡工作。」

「那七十五歲以後呢？」老朋友繼續追問。

「除了實驗室裡的那些研究工作之外，在七十七歲時，我會去學橋牌，然後在八十五歲的時候，只要我還活著，我一定會去學習高爾夫球。」愛迪生簡單地說著。

這時，另一個老朋友又問：「那九十歲以後呢？如果你活到九十歲，之後的生活怎麼規劃？」

愛迪生笑笑地聳一聳肩說：「九十歲？誰知道九十歲會怎樣，我的計劃從來不會超過三十年！」

人生果然走得很快，轉眼間，愛迪生的七十五歲生日宴會已經開始。這天，又有人出題問愛迪生了：「請問，您未來的計劃是什麼？」

愛迪生瞇著眼看了看他說：「我沒有其他計劃，因爲我只想竭盡所能的工作，因爲我在實驗室裡一直都十分快樂。只要還有時間，我會讓腦海裡那些數不清的想像一一實現，總之，我還有好幾年要忙吧！」

果然，愛迪生從八十歲又開始了新的人造橡膠實驗，一直到八十四歲去世前，他還埋首在實驗室裡。

人生會在什麼時候終了，到底應該在什麼時候停下腳步休息一下，答案從來

只有我們自己知道。

雖然，愛迪生大師沒有明確地指出答案，但是在吹熄前的燭光裡，他卻讓我們看見生命中最重要的事：「無論生命走到哪個階段，每吹熄一次蠟燭，我們便越接近人生的盡頭。關於明天的事，我們不必想太多，只要知道好好珍惜，竭盡所能地生活就夠了。」

我們也見到，愛迪生終其一生都在實驗室裡努力著，像他這樣積極認真的人，生活不需什麼特別的計劃，只要每天都過得快樂與滿足，每一天都沒有後悔與遺憾便已經不虛此生。

不必搜尋別人的生涯計劃書，想要讓自己的生活過得充實快活，只要細心咀嚼愛迪生的這句「積極生活」就夠了。

第一次是嘗試，第二次要全力以赴

人生難免會有些遺憾的事，我們不必太過自責，畢竟每件事都有現實考量，只要我們已經盡了全力，就沒有什麼事值得後悔。

人生最大的遺憾其實不是目標沒有達成，而是不知道自己走錯了路。人生最讓人懊惱的，不是沒能堅持到最後一秒，而是不曾努力過。

很多時候，第一次都只是嘗試錯誤的過程，只要我們能從錯誤之中吸取經驗、記取教訓，那麼捲土重來之時，我們就能充滿信心地全力以赴，愉悅地享受勝利的果實。

爲了成爲第一個橫渡英吉利海峽的游泳健將，有位女選手每天都非常努力鍛鍊體力。爲了迎接這個歷史性的一刻，她必須做好最充足的準備。

實現夢想的這一天終於來到了，女選手帶著滿臉的自信現身，在人們的加油聲中與大批媒體的關注下，她以優雅的姿勢一躍而下，接著便奮力地朝著海峽的對岸游去。

剛開始的天氣非常好，這也讓她可以清楚地朝著目的地方向前進，但沒想到就在她游到一半時，海上突然飄來了陣陣濃霧。

不一會兒工夫，連一直跟在身邊的救護員都看不見了，茫茫大海中，她完全失去了方向感：「怎麼辦？我要游往哪個方向？」

選手開始有些慌張了，這片伸手不見五指的濃霧已經蒙蔽了她的信心，越游越心慌的她，終於控制不了心中的恐懼，最後不得不宣佈：「我決定放棄！這霧實在太大了，讓我完全抓不到方向感。」

只是，當救生艇將她救起時，她才發現，原來只要自己硬撐下去，再游一百多米就到對岸了。

上岸後，她十分懊悔地說：「唉，早知道距離岸邊已經這麼近了，無論如何我都應該要堅持到底的。」

隔了一段時日，再次進行挑戰之時，她牢記著第一次失敗的經驗，終於成功地締造紀錄。

作家貝佐茲曾經寫道：「想要成功，就必須試著把每次的折磨當作人生必經的考驗。」

如果你想出人頭地，就必須調整自己的想法，無論做什麼事都全力以赴，如此才能看見和以往迥然不同的未來。

從運動精神的角度思考，「堅持到底」當然是運動家應有的表現，然而從現實情況來評估，我們不必每件事都要「堅持到底」，因爲，開始與過程才是人生

最重要的部份，至於結果只是嘗試錯誤的參考罷了。

因此，我們沒有必要爲失敗而傷心難過，只要在過程中受益良多，那麼我們就會加以修正，讓自己得到最好的結果。

其實，人生難免會有些遺憾的事情發生，只是，在面對遺憾的同時，我們不必太過自責，畢竟每件事都有現實考量，只要進行之時我們已經盡了全力，就沒有什麼事值得後悔。

千金難買早知道，但只要修正錯誤，就不會繼續苦惱。

故事中的女選手，第一次挑戰時雖然最終目標沒能達成，但是她畢竟盡力了。如果當初她眞的堅持下去，萬一偏離了方向，換來的說不定是更加遺憾的結局，不是嗎？

正因爲這一次的放棄，使她充分了解海上氣候對心理因素的影響，對於締造紀錄有了更堅定的信心，終於彌補第一次失敗的遺憾。

問題不能只看一面，每件事我們都要能做出全面且周詳的評估，下一步到底要繼續堅持，還是保留實力下次再來，全賴聰明的你做出智慧的選擇。

大方表達心中的想法

我們永遠也無法預料到即將遇到什麼，因此我們隨時都要把握機會表現自己，全力展現自己的創意。

沒有人可以武斷地否定別人的想法，相對的，我們也不必因為別人的一句否定而放棄主見。

生命的當下充滿任何可能，別害怕你的想法太過前衛，也別擔心你的創意太過大膽，社會的進步全靠超越當下的思維，所以大方表現你的想法，也許你能讓創見及早展現。

戴維剛剛制訂出一個簡化工作流程方案，並且相信，這個新方法可以讓公司產量提高百分之二十五。

當戴維把自己的方案推銷給ＩＢＭ公司的幾位主管之時，每個人都對戴維解說的縮減流程與節省成本印象深刻，對這個方案深具信心。

一個星期過後，戴維被請到ＩＢＭ公司的董事會，與所有股東面談。他們將對戴維的簡化製造流程方案進行最後審查，決定是否採納。

戴維自信地說完整個計劃後，有位身兼股東的女主管忽然問道：「新的程序可以節省多少錢？」

戴維告訴她：「一秒鐘就可以節省一百美元。」

這個答案令女主管有些吃驚，不敢置信的她旋即說：「好，請立即證明這個理論給我們看。」

戴維點了點頭，離開座位後竟朝著她直接走去，然後從自己的口袋中拿出了

一張百元的美鈔。

刷地一聲，戴維忽然將美鈔撕成了兩半，其中一半還遞給了這位女主管。

這個動作嚇了她一跳，因爲她完全沒料到戴維居然會用鈔票來做實驗。戴維說：「當妳看完了我的證據之後，如果我不能達成目標的話，我會把剩下的另一半鈔票交給妳。」

一般來說，主管們是不會這麼急躁地要求實驗證明，這一次情況確實有些特殊，但不管情況如何，戴維已經成功地化解了危機，而且是藉著主管們急躁的個性化解掉的。

戴維的論證非常成功，利用「撕成兩半」的紙鈔，成功地坐上行銷部門的主管的位子。在誇張的推銷方法中，戴維不僅讓「一百元美金」回復完整，更證明了自己的才能確實可靠。

生命中的每個難關都提昇精神意志，增加本身能力的磨練，唯有選擇樂觀面

對，才能替自己創造更多機會。

大多數人的行事態度都是被動而習慣等待的，只有主動的人才能掌握先機。

大多數人只懂得規規矩矩地推薦自己，只有具備創意靈活的人才能成功地行銷自己。就像故事中的戴維，因爲他主動積極且思考靈活，最終總算贏得衆人的支持與肯定。

試想，如果你怎麼也不肯主動出擊，積極地自我推銷，那麼，你認爲自己能有多少業績？

我們永遠也無法預料到即將遇到什麼，因此隨時都要把握機會表現自己，全力展現自己的創意。

想擁有機會，就不能害怕出糗，腦子裡既然不斷地湧現創意，就不該讓它停滯下來，因爲一旦錯失了靈感，想再找回，恐怕不是那麼容易。只有改變想法，才能找到讓自己成功的方法。改變那些一成不變的想法和念頭，當你面臨失敗的時候，只要肯稍微改變一下自己的思路，就能夠順利找到出路。

想遠離危險，便要學會忍讓

許多人忽略了自己的能力有幾分，老是硬著頭皮爭面子，稍稍被人欺負便急著還擊，最終卻反而又多吃了幾記悶虧。

曾經叱吒風雲的拿破崙曾說：「發生一件事情時，善於分辨它是時機還是危機，然後用正確的方法面對，這是極為難得的智慧。」

祈求平安的最好方法，不是天天燒香拜佛或對上帝禱告，而是要隨時謹記著「能忍才能安」的道理。

畢竟，人們最缺乏的就是「掌控情緒」的能力，因爲老是忍不住想發飆，或是想逞英雄，於是，造成情緒失控，引來了一些無謂的爭端，也樹立了許多不必

要的敵人。

這天傍晚，愛德華到迪西家找他一塊到公園散步，兩個老朋友一邊走著，一邊開心地高聲交談。

就在這個時候，有一隻大黑狗突然從一戶人家的左側大門口跑了出來，兇猛地朝著他們兩個人狂吠，緊接著，又從這間大宅裡接二連三地跑出了幾隻看家犬，把愛德華和迪西兩個人視爲小偷，不住地朝著他們吠叫。

狗兒的聲音越來越大，吠叫到最後，連街邊的流浪狗也被引來了，一起加入狂吠的行列。

眼看整條街聚集了一大群狗，愛德華有些恐懼，身體不住地顫抖著，接著更忍不住彎腰拾起一顆石頭，等待突圍的時機。

迪西看見愛德華舉起了手想對這群瘋狗丟石頭，連忙制止他：「老朋友，你別做傻事了！隨便牠們叫吧！只要讓牠們感覺我們不具攻擊性，我們就沒事了。

你越是向牠們挑釁，越容易被攻擊，我們只管走我們的，慢慢來，千萬別回頭看，自然會沒事的。」

只見愛德華和迪西兩個大男人像女孩踩著蓮花步似地輕緩無聲，才五十步的路卻花了他們一個小時的時間，不過，狗叫聲果眞慢慢地遠了，兩個人也總算脫離險境。

相信有很多人也和愛德華他們一樣，都有過被狗追逐的經驗。不論是騎著腳踏車，還是飛快的摩托車，如果被狗盯上，車行的速度越快，狗的追擊速度也會變得飛快，車子忽然停住，狗也會跟著停止追趕，甚至還會往後退了幾步。

你知道爲什麼會這樣嗎？

道理很簡單，生命的第一要件是「求生存」，除非是生命受到威脅，否則牠們不會輕易做出反擊。一看苗頭不對，動物們寧願轉身逃跑，也不願勉強頑抗，

這是萬物的「自然法則」。

仔細反省人們的處世方法，許多人忽略了這個法則，情緒一上來便忘了自己的能力有幾分，老是硬著頭皮爭面子，稍稍被人欺負便急著還擊，最終卻反而又多吃了幾記悶虧。

仔細想想，爭來爭去最終又得到了些什麼？

何妨學學故事中愛德華和迪西的隱忍退讓，隨時懂得退一步，因爲，謙卑不會讓我們失去什麼，只要我們能按捺住自己的情緒，不再隨便發作，退一步反而海闊天空。

不為小事煩鬱的處世智慧

懂得生活珍寶的人，會用心觀察生活中的一切，並轉化為生命活力，並從中獲得創造未來的生命動力。

俄國文豪屠格涅夫曾經告訴我們一個簡單的生活道理：「人每逢為小事不愉快的時候，煩惱就會趁機來威脅他。」

老是活在爲瑣事而憂慮的生活裡，這種人生未免太卑微渺小了。如果，你不想讓那些令自己煩憂的小事來打擾自己，首先你必須設法把與它有關的一切從腦中除去，並全神貫注於經營自己的人生。

只要不繼續自尋煩惱，那些讓人苦惱的小事就會出人意料地煙消雲散，生活就不會因爲煩鬱而過得團團轉。

我們想要的生活禪機，其實俯拾可得，只要訓練自己「眼觀八方，耳聽四方」，自然能像生活禪師一樣，時時刻刻都能領悟生命中的奧妙。

有一位在家修行的居士，非常喜歡問問題，不論是佛法上，還是關於家庭、個人的事，凡事都要請教師父。

問題是，這位居士什麼雞毛蒜皮的小事都問，而且也不願意自己尋找答案，只想勞煩師父給予明確指示。

日子久了，修行不夠的他，發現師父居然能不等他問完話，便輕鬆把答案說出，不禁心生疑惑，暗中想著：「難道師父有不爲人知的神通？」

於是，他居然興起了試探師父的念頭。

這天，他又來請教師父：「師父，爲什麼會有『團團轉』的情況？」

「因爲，被束縛在繩子上了。」師父隨口而答。

聽見師父的答案，居士非常驚訝，忘了要如何說話。師父見狀，忍不住問：「居士，什麼事令你如此驚訝呢？我答錯了嗎？」

居士連忙搖了搖頭，回答說：「不！師父答得很對，我只是對您的智慧，深感驚訝與敬佩！」

師父看著居士，笑著問：「怎麼說？」

居士這才慚愧地說：「其實，這個答案我早就已經知道，因爲今天我在路上看見一頭牛，被一條繩子穿了鼻子纏在樹腰，儘管這頭牛很想走動，然而不管怎麼轉都無法脫身。我猜想，師父應該不曾見過這樣的景象，應該答不出來，沒想到……」

師父微笑地說：「沒想到，我說出了正確答案？所謂一理通百事，你問的是牛被繩子縛住而不得解脫，然而，我答的卻是人心被外在環境束縛而不得解脫，兩者理事是同理得證的啊！」

師父繼續教導著：「衆生就像那頭牛一樣，讓許多煩惱的繩子纏住，以致於人人都在痛苦深淵裡輪迴，所以，我們要精進修學，用智慧的剪刀把繩子剪斷，

以求解脫，獲得安樂自在的生活，明白吧！」

居士聽完教訓，恍然大悟，對師父也更加佩服。

思考著「團團轉」三個字，不知道你是否也領悟了其中旨意？

許多人總愛在小問題上打轉，讓原本輕鬆易解的小事，因爲一顆打不開的心，演變爲大麻煩，所以故事中的禪師訓誡我們：「不希望生活痛苦，就別鑽牛角尖，自尋煩惱。」

「一理通百事」，生活哲理或是佛理禪機，其實一直與我們生活在一起，懂得這個生活珍寶的人，會用心觀察生活中的一切，並轉化爲生命活力，還會細心照料這些難能可貴的生活片斷，從中獲得創造未來的生命動力。

喬治．彭斯曾說：「如果有什麼事不是你的力量所能控制的，那麼就沒有必要發愁，如果你還有什麼辦法可想的話，那麼還有什麼好發愁的？」

遇事不用大腦，無端地煩惱，無端地爲小事鬱悶，是人的通病。如果事情不

是你能力所及，再怎麼煩惱也無濟於事，如果問題是你能處理的，又何必爲了暫時不順利而鬱卒發愁呢？

人生當然不可能沒有失意煩惱，但是也沒有絕對過不去的難關；與其抱怨環境、抱怨別人，不如用微笑代替煩惱，讓自己學會過得從容自在，才不至於老是讓負面情緒控制自己。

其實，人們煩惱的最大來源，在於對小事的患得患失，如果你能看透這層道理，懂得有所取，必須有所捨，那麼你就不會再爲小事煩鬱。

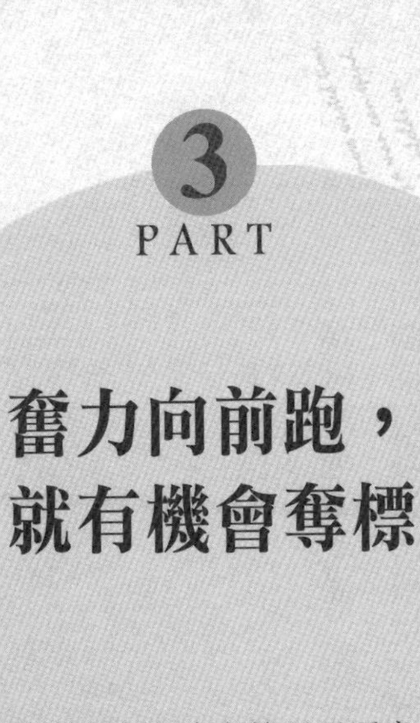

3
PART

奮力向前跑，就有機會奪標

成功與失敗的分野就在於願不願意加倍付出，
別害怕輸在起跑點，只要沒有人抵達終點，
我們就還有機會奪標。

好運總有一天會出現

抗壓力越來越弱的現代人，你是否願意重新給自己一個機會，接受這些叮嚀和鼓勵，繼續堅持，不再輕易放棄呢？

挑戰，通常充滿了難以預料的變化和未知數，所以不是每個人都敢讓自己處於隨時面臨挑戰的環境。但是，大多數人都忘了，其實真正的成功，卻總是存在於這些變化和未知裡。

想要迎接挑戰、克服困難，首先就得要不在乎別人的懷疑和嘲笑，並且相信自己所做的是最好的選擇。

人生隨時都會有新的開始，每一個新開始也都像嬰孩學步一樣，第一步都會

跌倒，即使順利地走了兩步路，也還是會有跌倒的時候。

但是，如果跌倒後就不願再站起來，繼續試著邁出自己的步伐，我們現在又怎能「健步如飛」？

每當皮爾失意時，母親都會對他說：「不要爲了眼前的不如意沮喪，只要你能堅持下去，好運總有一天會出現。而且你也將發現，如果沒有這些失望的經驗，你永遠也不會知道什麼是好運，不是嗎？」

母親的這番話，直到大學畢業後，他才有切身體驗。

當時，他決定到電台找份工作，希望能成爲一名專業的體育播音員。畢業典禮後的第二天，他就走遍芝加哥的每一間電台的大門，但是一天下來，碰了一鼻子的灰。

到了傍晚，他走進了一間播音室，裡面有位和氣的女士告訴他：「你的資歷太淺了，大電台是不會僱用新手的，我想，你不妨多找幾家小電台，機會或許比

較多一些。」

皮爾說了聲謝謝，便搭便車回到了迪克遜，這裡雖然沒有電台，但是皮爾的父親告訴他：「蒙哥馬利．沃德公司在這裡開了一家商店，正需要一名當地的運動員去經營他的體育專櫃。」

於是，皮爾以大學時的橄欖球隊經驗，希望能應徵進入這間體育用品公司工作。但是，幸運之神似乎仍未出現，他再次失敗了。

看到情緒低落的皮爾，滿臉失望的神情，母親再次鼓勵兒子：「放心，只要繼續努力，機會一定會出現。」

於是，他又借了父親的車，來到七十英哩外的一家電台。

這家電台的節目部主任名叫彼特．麥克阿瑟，他親切地對皮爾說：「對不起，我們已經找到播音員了！」

皮爾一聽，不禁大失所望，嘆了口氣說：「不能在電台工作，我又怎能成爲體育播報員呢？」

誰知，皮爾走來到電梯時，彼特．麥克阿瑟突然又走了過來，問他：「你剛

才說，你曾經是橄欖球員嗎？」

皮爾點了點頭，接著彼特．麥克阿瑟讓皮爾站在一架麥克風前，請他憑想像，播報一場橄欖球賽。

皮爾想起了前年的秋天的一場比賽，他用最後二十秒的時間，以一個六十五碼的猛衝擊敗對手的精采戰況。

用親身經歷進行的試播自然精采萬分，試播之後，皮爾馬上被告知：「星期六要轉播的那場比賽，就看你囉！」

在回家的路上，皮爾不禁想起了母親常說的話：「堅持下去，好運一定會到來。」

有句西方諺語：「堅忍是成功的要素，只要你在門上敲得夠久夠大聲，一定能把人們喚醒。」

這個道理就像皮爾的母親經常對他說的：「只要你能夠堅持下去，好運總有

一天會出現！」

抗壓力越來越弱的現代人，你是否願意重新給自己一個機會，接受這些叮嚀和鼓勵，繼續堅持，不再輕易放棄呢？

「跌倒了再站起來」，不是老生常談，而是連接我們成功目標的重要紅線，只要我們能不斷地再站起來，我們便一定能體會這個簡單的道理：「堅持下去，你就會遇見好運！」

要改變，更要下定決心實踐

生命的陽光一定會照亮黑暗逆境，但如果我們自己不肯打開心門，無論太陽怎麼熱情，消極的心始終要陷在一片漆黑中。

生活不必非要一帆風順，多些逆風的阻撓反而能避免我們衝過頭。身爲生命之舟的舵手，必須提防船兒毫無方向地四處漂流。

樂觀地迎向眼前的難關，生活中能多一點雨水澆灌，我們清醒的機會便會多一些，自己的未來也會清晰一些。

雖然從小便生活困苦，但傑克．倫敦的開始卻不像其他傑出人物那般努力進取。童年時期的他像個小惡魔，最厭惡的事就是踏入校園，寧願把時間花在偷竊的勾當上。直到有一天，漫不經心地在圖書館裡發現了《魯賓遜漂流記》之後，小傑克的人生終於有了轉變。

深受《魯賓遜漂流記》啓發的傑克．倫敦，從此天天到圖書館報到，因爲他從書本中看見了新的世界，一個充滿希望與活力的新世界。

《天方夜譚》中的奇妙故事在腦海中轉動，傑克幾乎忘了現實世界的存在，大世界的奇妙與美好深深地激勵著他。從尼克卡特至莎士比亞，從馬克思到赫伯特，傑克．倫敦從書本中學習到的東西越來越多，也越來越討厭自己的過去。

十九歲那年，他決定重回校園：「我不能再流浪了，我必須靠腦力實現自己的未來。」

進入奧克蘭中學後，傑克積極向學，幾乎不分晝夜讀書，居然只花了兩個月的時間，便把高中四年的課程全部唸完，並且還通過了考試，拿到了加州大學的入學資格。

渴望成爲作家的他，一遍遍地讀著《金銀島》、《基度山恩仇記》和《雙城記》……等名著，接著，憑藉著人生的經歷與從書本學習到的寫作技巧，每天不斷地書寫著。

他曾經只花了二十天就寫成一部長篇小說，也曾經一口氣寄給出版商三十篇小說，雖然後來全被退回，但一點也不氣餒，仍然持續地寫著。

因爲，他知道：「我想寫作，寫作是我全部的生命。」

終於有一天，他寫的小說《海岸外的颶風》獲得了《舊金山呼聲》雜誌所舉辦的徵文比賽首獎。只是，所有成功的開始都是辛苦的。經常有一餐沒一餐的傑克·倫敦曾經低頭面對現實，放下手中的筆，再次投入辛苦的工人生活，但無論如何他都沒有放棄過夢想。

一八九八年的某一天，傑克·倫敦放下手上的工作，重新面對自己：「我的人生只有這樣嗎？再這麼下去，我還有多少時間和機會呢？」

望著口袋裡的兩塊錢，他最後決定重拾筆桿。

五年後，傑克·倫敦手上已經出版了六部小說和一百二十五篇短篇小說，有

一天，重溫自己的作品後，他帶著微笑走到窗口，欣賞美麗的陽光，不禁讚歎：「生命的陽光眞是燦爛！」

什麼時候才是最好的開始，你仍然抓不準嗎？

傑克在故事中給了我們一個方向：「只要你真正地醒悟，找到了人生目標，更下定決心實踐，那麼無論你什麼時候醒來，只須記住，那便是你開始的時機，絕對不能鬆懈。」

「積極行動，想做就做」是傑克的醒悟。生命的陽光一定會照亮黑暗逆境，但是這道光仍然需要你的迎接，如果我們自己不肯打開心門接受陽光，無論太陽怎麼熱情，消極的心始終要陷在一片漆黑中。

無論人生的開始是好是壞，只要我們面對未來的態度是積極的，機會一定會守候著我們。傑克·倫敦的微笑，正引領我們迎向生命的希望，更讓我們聽見實現夢想的讚嘆。

奮力向前跑，就有機會奪標

成功與失敗的分野就在於願不願意加倍付出。別害怕輸在起跑點，只要沒有人抵達終點，我們就還有機會奪標。

成功的必備條件是企圖與決心，希望目標能夠達成，除了要有積極努力的決心之外，更要有超越別人的企圖心。

不必擔心找不到機會，而是要多加留意步伐是不是比別人慢了！無論我們選擇哪一個領域，只要有積極突破自己的企圖心，就能累積實力追求卓越的未來。

音樂家海頓八歲那年考進了維也納聖斯蒂芬大教堂的合唱團，爲此他必須離開父母到維也納學習音樂。

看著他小小的身軀，每個人都心疼地想著：「他連基本的生活能力都不行，還需要爸媽的關心照顧啊！」

不過，小海頓看起來一點也不擔心，反而安慰著家人：「爲了音樂，我會學習獨立，請大家放心。」

剛到合唱團裡，小海頓果然基本動作全都不行，起床、穿衣和整理床鋪都做不好，別人都早早完成去吃早餐了，他總是一直到大家都快吃完了，才匆匆忙忙地來到餐廳。

其他小朋友們見到他的窘況，全都忍不住嗤嗤竊笑，這種景況讓他更加慌張了。害羞的小海頓面對大家的嘲笑，難過地想著：「在家做時也沒這麼難啊，怎麼會做不好呢？」

從此，小海頓經常躲在角落裡偷偷哭泣：「我怎麼學習音樂呢？我連吃飯、穿衣都做不好了！」

不過，每當和大家一起練歌，聽見自己美妙的童音在教堂迴盪著，小海頓的企圖心總會再度燃起：「不，我不能輕易放棄理想，我要繼續留下來，再困難也不能走。」

從此以後，小海頓每天都會比其他人早半個小時起床，因爲他告訴自己：「既然我得多花兩倍時間去做，那麼我就比別人早兩倍時間起來。」

慢慢地，小海頓拿捏到自我管理的技巧，再也沒有任何困難讓他退縮了。

爲了能儘早趕上進度，小海頓每天早上都會跑到樹林裡努力地練唱，在鳥兒的陪伴下，小小身影一點也不孤單，反而有種征服世界的霸氣。

憑著實力考進合唱團的海頓，當然沒有維也納貴族公子小姐們那樣好的經濟條件，父母給他的零用錢經常連買書都是難事了，更何況買樂器。

這天，海頓終於收到父親寄來的錢，望著全身上下一再補丁的衣物困惑地思索著：「到底該先買哪樣呢？」

走在大街上，他走進一間間的商店，不過，每一間都看了看就走出來，直到走進書店之後總算不再空手，抱著巴赫的《對位法》出來。

刻苦勤學的海頓，從不參加同學們的郊區野餐或歌劇欣賞，因爲他只想一個人留在教堂內趁機練琴，從巴赫二段式套曲到托卡塔曲。這麼辛勤努力，當然使他比別人早一步開拓自己的音樂天空。

別再抱怨自己的背景或基礎不夠好，海頓在故事中告訴我們：「不必擔心起跑時慢了別人一步，只要你接下來能加足馬力，努力地往前奔跑，第一個抵達終點的人一定是你。」

換個角度想，在命運之前其實我們都有均等的機會，成功與失敗的分野就在於願不願意加倍付出。

在人生的競爭中，如果你的身軀比較弱小，當別人跨一步就能抵你兩步時，你便得訓練自己以加倍的速度超越對方。

所以，別害怕輸在起跑點，只要奮力跑向終點，我們就有機會奪標。

活用時間，機會就會加倍

別煩惱你的環境或際遇比別人差，只要你願意自己站起來，願意積極地爭取，時間便會為你延長，讓你擁有加倍的時間和機會。

覺得時間不夠用的時候，不妨先問一問自己：「昨天是否又貪睡了，今天是不是又偷懶了？」

每個人的答案一定不同，但是，我們人生最終結果就藏在這個答案中。

人生是我們自己在走的，時間也是我們自己在操控的，只有我們自己才知道是否善加珍惜每分每秒。

沒有上過小學的馬克思，在父親的指導下自修完成小學的基本課程，一直到十二歲那年，才踏入了德國的特里爾市中學，開始校園初體驗。

中學時期，馬克思便展露了頑強的毅力，刻苦勤學的他無論是在科學的成績還是文學藝術的表現，每一項都十分出色，這些成就讓他在畢業時，收到了十分特別的畢業證書。

校方破天荒地在證書上特別寫著：「該生才能優異，特別是古語學、德語學和歷史方面的學習表現令人激賞。勤勉的馬克思同學在語言、數學以及歷史、地理各科中所下的功夫，是所有師生有目共睹的，更是每一位學生應當學習的榜樣……」

這一長串的讚許文字，清楚地說明了馬克思中學時期的優異成績，也反映出馬克思的努力與成就。

一八三五年，馬克思進入了柏林大學，在學風自由的大學殿堂裡，更加盡情

地自在遨遊在各種知識領域裡。

馬克思在兩個學期內便完成了一般學生恐怕得花二十個學期才能學完的課程。不放棄任何學習時間的馬克思，有一次生了重病，在床上躺了好幾個星期，不過在這段時間，他居然讀完了好幾本科學巨著。到了五十歲那年，爲了研究如何讓俄國經濟發展，又從頭開始學習俄文。

幾塊麵包和一壺水是馬克思走進圖書館時常備的東西，因爲他總是一直坐到圖書館關門才會離開。

據說，在大英博物館的閱覽室裡他常坐的位子下方，因爲經年累月的踩踏與摩擦，使得這塊水泥地磨掉了一層。

馬克思曾對一位友人說：「表面上看起來，我們每天只有八個小時可以運用，事實上，我們擁有的是兩倍以上的時間。」

對馬克思來說，他一天可用的時間不只八個小時，然而對某些人來說，一天

恐怕用不到八個小時吧！

看著馬克思學習的熱情，與坐在圖書館裡的身影，更讓人信服於他的學術成就。我們不難看出馬克思學識的淵博，是因爲他廣泛且深入的學習，才能看見了豐富的新視野。

馬克思小時候的求學經歷，縱然不能平順或按部就班地走過，但他仍舊力爭上游急起直追。

他的奮鬥過程在在勉勵我們，縱使我們錯失機會，仍然要努力前進，即使得曲曲折折加倍付出，也要不計任何代價與辛苦，用盡全力爭取，補足所有的生活缺口。

就像馬克思在文中告訴我們的：「別擔心你的時間不夠，也別煩惱你的環境或際遇比別人差，只要你願意自己站起來，願意積極地爭取，時間便會為你延長，讓你擁有加倍的時間與機會。」

為自己彈奏響亮的生命樂章

能奮鬥不懈才能讓生命樂章永不休止，真正的失明並不是眼睛看不見，而是放棄目標不肯積極往前！

積極克服心中的障礙，別管人們怎麼說，只要知道自己怎麼想，就能堅定自己的人生方向。

人生路全靠自己走，唯有勤奮刻苦才能敲出最響亮的生命樂章，所以請你使盡全身的力量，奮力向前吧！

歐拉經常爲了研究科學而廢寢忘食，爲了研究出一套計算行星軌道的公式，他已經三天沒睡了，甚至連桌上準備的麵包一口都沒咬。

「不對啊？結果怎麼算不出來？」

歐拉似乎遇到了瓶頸，總覺得答案就呼之欲出了，但是，不管怎麼抓都抓不到。眼看著手中的筆桿就快抓不牢，視線也有些模模糊糊了，不過，歐拉還是不想放棄。

直到第三天，歐拉終於找到答案了！

歐拉的精神再度振作起來，然而看著充滿金色光芒的數字，忽然感到一陣暈眩，右眼的視線忽地變模糊了，就在短暫地看見金黃色光芒之後，眼前的景物慢慢地消失了。

歐拉的右眼失明了，醫生對他說：「這是過度勞累和緊張所造成的。」

「只不過少了一隻眼睛而已嘛！」

對歐拉來說，這並不會削減他工作的熱情，更不會影響他繼續研究的決心。

接下來，歐拉始終保持十分旺盛的創造力與活力，經過不斷地探索與鑽研，天文

學的世界有了突破性成長。

一七四一年，歐拉接受普魯士國王的邀請，到聖彼得堡擔任數學研究所長，年輕力壯的歐拉並未推辭，雖然右眼看不見，但他要將豐富的人生經驗與學識成就和世人分享，讓人們知道生命很可貴。

因為體悟到生命的珍貴，歐拉怎麼也不願意休息，反而更積極地利用時間研究，只是，過度勞累、緊張的歐拉再次為此付出代價。

五十九歲那年，他的左眼也慢慢地模糊了，由於有了右眼的經驗，歐拉知道自己就快看不見了，因而緊緊地捉住最後時機。

他在黑板上，奮力地寫下剛剛發現的公式與各種引證、計算，要學生和助手們抄寫下來，根據他口授的內容寫成論文。

最後，歐拉的左眼完全失明了。人們對這位科學奇才感到扼腕：「年近花甲的老人，要怎麼走過這段黑暗歲月呢？」

不過，人們似乎多擔心了，因為歐拉有科學的支持就夠了。

他的世界並不灰暗，因為在他的腦海裡，那些數學、符號、公式、原理和圖

形組成了一個無比光明的世界，他的學術生命也並未就此終止，而是一如往昔地勤奮研究。

歐拉在最後的十七年間，發表了近四百篇論文，並且解決了不少科學難題，其中還包括了曾令牛頓相當頭痛的「月離」問題，經過他鍥而不捨的鑽研，終於找到了答案。

一個偉大的成功人物，生命終了之後還有餘韻繚繞世間，當然是因爲他生前的奮鬥從未間斷過。

也許，有人會想：「如果歐拉能休息一下換回視力，不是更好？」

或許吧！但有誰能保證，休息眞的能換回永遠的光明呢？

能奮鬥不懈才能讓生命樂章永不休止，眞正的失明並不是眼睛看不見，而是放棄目標不肯積極往前！

「每個人都有自己想走的人生道路，也只有自己能夠承擔路上的辛苦與命運

安排！」這是歐拉與我們分享的生命體悟，當別人心疼他的眼睛時，他更擔心不能間斷研究目標，所以他堅持自己的行動不能稍有停滯。

上帝關閉了他的靈魂之窗，卻爲他開啓一扇通往神奇奧妙世界的大門。歐拉的犧牲雖然很大，但是對他來說，犧牲卻換來了更燦爛的生命成就，這些才是他眞正想要的人生，也才是他積極生活的重要目標。

一片黑暗中，歐拉克服了重重困難，也始終都保持著旺盛的精力和高昂的鬥志，他做到了明眼人難以做到的。我們不妨反過來問自己，在實踐夢想之時，能否像他一樣積極奮鬥，勤勉不息？

評估利益，要以誠信為依據

評估個人利益，必須以誠信為依據。一旦失去了信用，未來肯定會進退失據，再也沒有人會信任我們，更沒有人願意支持我們。

爲了堅持誠信，我們經常必須做出許多犧牲，也許是擁抱財富的機會，也有可能是提名國際的機會，也許是飛黃騰達的機會，這些犧牲都是許多人選擇履行承諾時最痛苦的煎熬。

割捨雖然痛苦，但名利財富並不是成功的表徵，人們選擇背信時，得到的反而都是「壞名聲」。

托馬斯．愛德華．勞倫斯是英國史上非常重要的將領。當年轉戰阿拉伯國家時，因爲英國官方的政策，使他失信於阿拉伯人民，爲此他深感良心有愧，拒絕接受英王的勳章，並從此退出政治舞台。

這個舉動讓他贏得各方極高的評價。

勞倫斯的一生與阿拉伯世界緊密地結合著，從早先到中東考古，到後來因爲戰爭需要而再次踏足中東，在在都顯示了英國官方對他的信任。

勞倫斯靠著他對阿拉伯世界的了解，成功協助英國政府扶植了傀儡政權，從此踏上了中東沙漠游擊戰的舞台，並一舉成名。

長年的沙漠游擊戰，勞倫斯完全適應了阿拉伯式的游牧戰鬥生活。他與阿拉伯人民並肩作戰，讓奧圖曼帝國丟掉了在阿拉伯地區近四百年的統治權，爲阿拉伯世界立下了不可抹滅的功勳，阿拉伯人民對他也更加信任。

與此同時，勞倫斯也一再向侯賽因新政府保證：「戰後，我們會讓整個阿拉

伯地區再整合成一個統一的獨立國家。」

這個獨立的國家是阿拉伯人民長久的期望，所有中東人民都對他寄予相當大的期望。只是連勞倫斯也沒料到，英法兩國居然在戰爭結束後秘密地達成一項協議，兩國各取所需，決定讓阿拉伯地區實行分治。

這個協議不僅讓阿拉伯人民震驚，更使勞倫斯十分難堪與氣憤，因爲他一再信誓旦旦地保證，最終卻被出賣而失信於民。於是，他斷然拒絕接受英王授勳，並決定長居中東，從此退出政治舞台。

其實，勞倫斯原本就是個厭惡聲名的人，如今又因爲自責，只得過起隱姓埋名的生活。

對於緊追不捨的八卦記者，勞倫斯最後連自己的名字都得捨棄，才能專心寫作，好好地過自己的生活。

最後，一場意外車禍結束了勞倫斯的生命，也讓這個世界少了一個偉大人物。勞倫斯一生雖然建立令人矚目的戰功，但是因爲失信而自願退隱的負責態度，卻是讓他名留千史的關鍵因素。在勞倫斯的葬禮上，十分敬佩他的邱吉爾還流著眼

淚說：「我們這個時代最偉大的英國人走了！」

翻開人類歷史，觀察一個人在誠信與名利之間的取捨拿捏，我們便能輕易地看出這個人的品性，就像「阿拉伯的勞倫斯」在故事裡提醒我們的：「一個不能堅守承諾的人，即使失信的原因不是本身造成的，一旦不能實踐他的承諾，這個人最終都是失敗的。」

信守承諾不僅是做人的基本原則，也是我們成就未來的唯一利器。這也是托馬斯．愛德華．勞倫斯之所以寧願捨棄一切財富和地位，也要堅持不背信於民，與不背棄良心的主因。

在評估個人利益得失時，我們必須以誠信為依據。一旦失去了信用，未來肯定會進退失據，再也沒有人會信任我們，更沒有人願意支持我們。

故事的道理很簡單，生命的價值高低或許很難評定，但是能否活得無愧於心，選擇權確實掌握在我們手中。

只要認真做，就一定有收穫

一個人真正的成就，不在掌握了什麼樣的權力或坐上了什麼位置，而是能不能堅持自己的理念。

不必擔心理想是否能實現，因爲，無論在什麼樣的環境下，現實從來都不是阻礙的主因。只要我們想做，所有問題都一定能解決，只要我們敢做，任何理想都一定能實現。

很多人都不知道，一旦忘了堅持，奮鬥的目標便會立即消失，再美好的理想也要灰飛煙滅。

華盛頓接下美國獨立戰爭期間的總司令，憑著一股勇氣，爲國爲民鞠躬盡瘁。當上總統後，他更加努力不懈，面對政治的爭鬥，也曾辭去總統職務，每每又爲了國家人民而再度復職。

總統的身份地位並不是他所期望的，他只想盡全力做到最好，並努力地實踐他對自己和家園的承諾。

獨立戰爭結束後，華盛頓的功績讓他成爲衆望所歸的領袖人物，依功勳來說，華盛頓本該順理成章地接下總統一職，其他支持英國君主制度的人也紛紛表示願意支持他「登基」。

但是，華盛頓對此卻堅決反對，他說：「請你們對自己的國家心存尊敬，爲你們的子孫後輩著想。如果你們眞的尊重我的話，請你們放棄這樣的念頭，因爲，我知道這將帶來更多的災難。」

對華盛頓來說，當初的獨立之戰不只是爲了國家，更是爲了消除英國君王制度的貴族心態。然而，好不容易爭取到自由的人們，卻仍然對君主制度大表支持，這令華盛頓感到憂心。

華盛頓拒絕出任總統，也立即辭去總司令的工作，回到他的故鄉農莊與家人團聚，重新展開他自由自在的平民生活。

然而，當時聯邦政府體制紊亂，施政情況不上軌道，不禁讓華盛頓憂心忡忡：「好不容易成功獨立，現在又瀕臨混亂和毀滅邊緣了。」

國家利益，是他始終放不下的，那麼辛苦地爭取到的自由、民主，怎麼可以任由它倒下呢？

於是，華盛頓決定復出，一七八七年他主持了「憲法會議」，接著又因爲特殊地位與聲望而當選了美國第一任總統，美國也在這位堅持理想的總統掌舵下，慢慢地走向正軌，成爲眞正獨立自由的美國。

連任了兩屆美國總統之後，華盛頓在一七九六年發表了「告別書」，主動離開政治舞台，又回到了寧靜的田園生活。

華盛頓爲國效力不計個人得失，這樣的英雄人物無人不感敬佩。關於華盛頓

的人生經歷我們都很熟悉，對於他的誠實更是奉爲典範。

華盛頓眞正的成功之處，不在他實踐的結果，而是他實踐理想的過程。故事中他展現出的生命態度値得我們深思：「一個人真正的成就，不在掌握了什麼樣的權力或坐上了什麼位置，而是能不能堅持自己的理念。外在環境瞬息萬變，人的思維也在轉念之間，我們是否能忍人所不能忍，能不能固守理念，這些才是我們真正成功的目標。」

人最常迷失的原因，並不是因爲喪失了目標或理想，而是習慣打著「現實」的藉口，或是緊盯著名利權貴而走偏了人生方向。

其實，我們到底想做什麼，自己心裡很清楚。

在實踐的過程中多少都會遇到瓶頸，所以不必對現實做出太多埋怨，只要認眞去做，只要好好地堅持不懈就對了。結果如何並不重要，很多時候在付出的過程中，我們所收穫的往往比最後的成果更爲珍貴。

不墨守規定，才能突破困境

我們要多追求突破而不是墨守成規，雖然跟著制度走比較安全可靠，但換個角度看，那其實也代表我們的心態不求進取！

日復一日跟著地球的轉動而展開慣性活動，我們偶爾也要試著逆向操作，擺脫既定的常規。

那些精采的生活創意正是逆向思考的傑作，勇於打破舊規的人才能突破重圍，看見無限寬廣的蔚藍天空。

指揮官一再強調：「飛行時，不管出現什麼情況，都必須保持隊列。」對飛行員來說，服從隊長的命令是基本的態度，不能有任何選擇餘地。

不過，漢德卻聽見一位年輕的飛行官問指揮官：「如果領航機撞上了山崖，那麼我們該怎麼辦？」

指揮官思索片刻後，相當慎重地回答說：「那麼，我不希望在山崖邊看到四個一字排開的洞。」

這件事給漢德與年輕飛行員上了一堂很重要的課，因爲指揮官的這番話，後來正巧發生在漢德的身上。

在一次飛行中，漢德和同伴排成一字形縱隊，他排在第三位。他們在暴風雪中飛回基地，當時的氣流很大，不過，他們仍然以五百英哩的時速保持著優美的隊形飛行著。

正當漢德集中精神飛行時，領航員卻瞥見了下面雲層間的黑洞，他預料將會有更惡劣的天氣，因此立即呼叫指揮中心取消飛行計劃。

一旦計劃取消了，也就表示飛行中心不再進行監控，接下來的飛行得全靠飛

行員自行控制了。

雲層出現「黑洞」時，意味著將有更惡劣的天氣緊隨其後，就在發現的那一刻，所有飛行員唯有聽天由命了。

他們仍然盡可能保持隊形飛行，不過因爲不再有任何指示，飛行員們似乎都有些暈頭轉向。當他們衝進厚厚的雲層時，漢德已經看不到另外兩架飛機了，四周茫茫一片。不過，他們的距離始終如故，因爲他們只想著：「身爲飛行員，要不惜一切代價保持精確的飛行。」

飛機在漢德的視線中忽隱忽現，他忽然看到領航機和第二架飛機十分接近，在這樣緊急的關頭，即便兩架飛機不相撞，也難保不會有意外。

於是，漢德當機立斷，決定要打破常規，按著自己的判斷力行動。他用力將飛機拉升，緊接著開啓裝置之後迅速跳傘逃生，他決定放棄隊形的要求，因爲如此惡劣的天候，決定片刻都不能遲疑。

漢德下決定時並沒有和領航官通話，大約一個半小時後，漢德在俱樂部看到了領航員，所幸大家都躲過了一場劫難。

雖然他們都受過嚴格的隊形訓練，不過他們更將天賦、知識和閱歷三者充分地融會貫通。在最危急時刻，天賦與求生本能讓他們走出死亡線。

就像為了整合軍心，軍中不得不以紀律來約束士兵，任何團隊也都有一些成員必須遵守的規矩。

齊心團結原本就是促進社會和諧的重要一環，不管身處什麼樣的環境之中，我們都一定有既定的團體制度必須遵守，只是在謹慎遵守之際，我們更要懂得依勢變化，讓規定更靈活運用才是。

畢竟制度是死的，遵守制度的人是活的。所有規則是依平常情況所制定，鮮少考量到突如其來的變化，所以我們在謹守任何規定時，也要告訴自己：「不能死守規則，凡事都要依當下情況靈活變通。」

就像故事中遇到危難的飛行員，遵守命令固然重要，但是保住性命更重要，既定的規範雖然神聖，但始終還是會出現漏洞。

所以，長官沒有制式地教育飛行員非得「嚴格遵守」，而是間接暗示他們：「都遇見危機了，那些制度規當然不再適用，因爲眞正的軍人會懂得求生的本能，能夠見機行事、積極變通。」

在不同領域中的人都需要這樣的處事態度，我們要多追求突破而不是墨守成規，雖然跟著制度走比較安全可靠，但是換個角度來看，那其實也代表我們的心態不求進取！

所以，不僅要學習一心團結，也要有積極突破的行動力，縱然突破有著難以預料的危險，但往往也能爆出精采的火花。

4

PART

先接受自己，別人才會接受你

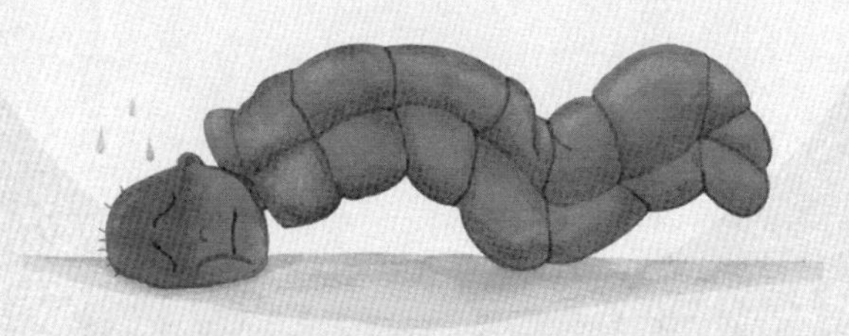

生活上不會有無解的難題，
端看你願不願意敞開心把問題解開，
你的「心」往哪個方向走，
你的世界就會往那個方向去。

用心盡力就能創造奇蹟

只要能「越挫越勇」，成功不需要什麼背景條件，只要態度積極、認真，用盡全力，夢想終有一天會實現！

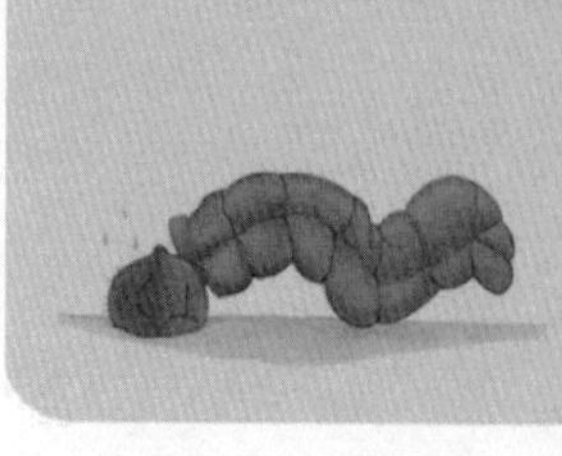

你認爲你是個失敗者嗎？

你認爲自己的條件不夠好嗎？

如果，你連跌倒的原因都沒有找出來就放棄前進，那麼你就是眞正失敗的人；

如果，跌倒後你能立即搬開絆倒的石頭，那麼你就不知道什麼叫失敗。

除了一雙手和一條腿之外，羅吉．克勞馥確實具備了打網球的條件。天生殘疾的羅吉，從小就在父母的鼓勵與教育下，建立一個積極的觀念：「什麼才叫殘障，這取決於你怎麼看待自己的殘缺。」

他們不希望羅吉為自己的殘缺感到難過，或利用身體的缺陷博取同情或幫忙，他們希望羅吉與常人無異。

從小，父親便鼓勵羅吉積極地培養運動興趣，他教羅吉打排球和橄欖球，而羅吉也眞的沒讓父親失望，十二歲之時就已成為橄欖球隊的重要角色！

有一天，他在場上與對手追逐時，沒想到對方一把抱住羅吉的左腳，就在他奮力掙扎時，義肢居然被拔下來了！

誰也沒想到，只剩一隻腳支撐著的羅吉，竟然利用一隻腿，直躍過分線，並達陣得分，場上不禁響起了如雷掌聲。

羅吉經常對自己說：「我不可能每件事都會，所以，我只需要把注意力集中在我能做的事情上。」

問題是，羅吉還能做什麼事呢？

那也是運動項目之一，網球。

雖然開始練習時，只要他一轉動，拍子便會掉落，但是他一點也不氣餒，雖然手腕的力量不如一般人，但是在他的努力與家人的支持下，積極地自我訓練的結果，不管是轉動球拍、發球或接球，都已經到達了職業水準。

雖然，剛開始參加比賽之時屢嘗敗績，但是羅吉並未放棄，反而更加努力練習，比賽的成績也不斷地進步了。

肢體殘障的運動選手很少，沒有任何前例可以參考學習，但羅吉仍堅信自己一定能突破所有侷限，打出一片網球新天地。靠著不斷努力，後來他終於成爲第一個被美國職業網球協會認可的專業教練，一個殘障網球好手。

羅吉說：「你和我之間的唯一差別，就是你們看得見我的殘障，而我卻看不見你們的缺陷。每個人都有障礙，你問我是如何克服身體的殘障，我只能告訴你，我什麼也沒有克服，我只是像你們一樣，學會了我原先不會做的事，就像你們學習彈琴或用筷子吃飯一樣，只是我比許多人用心盡力而已。」

故事中，羅吉說：「你們看得見我的殘障，而我卻看不見你們的殘缺。」

聽到這句話時，你是否忽然看見了自己的缺陷？

當電視中出現了許多殘障勇士，積極地用樂觀、奮鬥填補身體上的殘缺時，我們除了驚嘆他們的生命力，想必也對自己的消極深感慚愧吧！

每一個人都有著不同的生命態度，有人一生平順，不能忍受辛苦，也不能接受失敗，即使小小的碰撞也能讓他們宣佈放棄，永遠跌坐在地上。然而，有更多的人和羅吉一樣，堅信只要能「越挫越勇」，成功不需要什麼背景條件，只要態度積極、認真，用盡全力，夢想終有一天會實現！

看著羅吉．克勞馥的成功，正處於低潮期的你，是否只會驚嘆地目瞪口呆呢？合起你的嘴巴，把羅吉的成功經驗再咀嚼一番：「努力，堅持不懈並盡全力，然後你就成功了！」

放得開，人生就沒有不幸

心懷感恩，生活中便沒有不幸，即使遇見了各式艱難和困苦，你也能輕鬆走過，享受生命的快樂與美麗。

眞正的自在生活，是依照自己的意志去做對生命有意義的事情，因爲，只有能夠敞開心胸，不爲無謂的小事煩憂，忘懷生命之中曾經有過的那些痛苦，才是最幸福、最自在的人。

放下得失，生活才看得見快樂。

如果，你永遠只看見臉上的那道細微的傷疤，並厭煩它的醜陋，那麼你不僅看不到傷痕外的美麗雪肌，還會讓那道傷痕在你的臉上無形孳生。

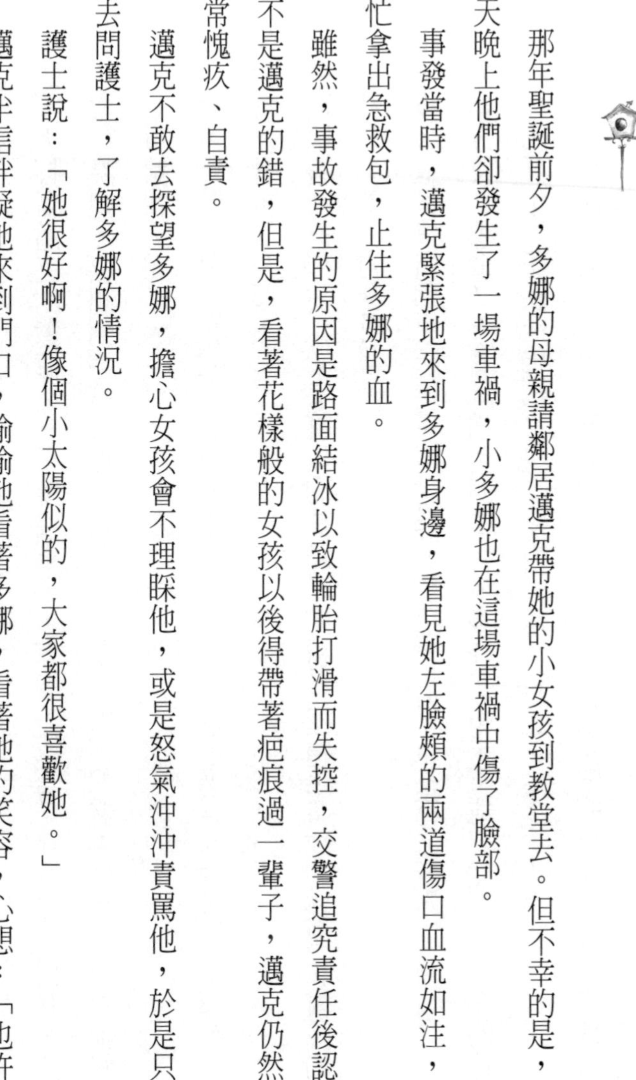

那年聖誕前夕，多娜的母親請鄰居邁克帶她的小女孩到教堂去。但不幸的是，那天晚上他們卻發生了一場車禍，小多娜也在這場車禍中傷了臉部。

事發當時，邁克緊張地來到多娜身邊，看見她左臉頰的兩道傷口血流如注，連忙拿出急救包，止住多娜的血。

雖然，事故發生的原因是路面結冰以致輪胎打滑而失控，交警追究責任後認定不是邁克的錯，但是，看著花樣般的女孩以後得帶著疤痕過一輩子，邁克仍然非常愧疚、自責。

邁克不敢去探望多娜，擔心女孩會不理睬他，或是怒氣沖沖責罵他，於是只好去問護士，了解多娜的情況。

護士說：「她很好啊！像個小太陽似的，大家都很喜歡她。」

邁克半信半疑地來到門口，偷偷地看著多娜，看著她的笑容，心想：「也許她已經忘了那場意外了吧？」

於是，邁克走了進去，對多娜說：「多娜，那天真的太對不起妳了，希望妳能原諒我，如果……」

多娜笑著打斷邁克的懺悔：「早就沒事了，你看，我還是很好哇！而且，這是我第一次住院呢！沒想到這裡有那麼多有趣的事，護士和醫生們每天都會講好多醫院的故事給我聽呢！」

邁克看著多娜的驚奇與笑容，放心了不少，不過每當他看見多娜臉上的傷疤，心中的內疚總會再次升起。

多娜出院後，反而成了大家矚目的焦點，她精采地講述事故的經過和醫院的經歷，也引來了不少的驚嘆聲。

一年後，邁克移居到另一個城市，從此和多娜一家人失去了聯繫。

十五年以後，那個教堂邀請邁克回去參加禮拜，結束時他忽然看見多娜的母親，正站在人群中等著和他告別。

邁克忽然想起了那場車禍、鮮血和傷疤，隨即見到多娜的母親笑容可掬地來到自己面前。

邁克關心地問：「請問多娜好嗎？」

多娜的媽媽開心地說：「你還記得多娜住院時的情況嗎？」

邁克回答說：「印象很深刻，她似乎對醫院發生的趣事很感興趣。」

母親說：「是啊！她現也成爲一名護士了呢！現在還嫁給了一位醫生，婚姻很美滿，喔！我也有兩個可愛的寶貝孫子了！」

邁克一聽，放心地說：「多娜眞是個可人兒！」

多娜的媽媽似乎想起了什麼，連忙說：「對了，我差點忘了！多娜知道我會遇見你，她要我對你說，那次車禍是她一生中最難得的好事。」

「好事？」邁克想著這句話，臉上也慢慢地露出許久未見的笑容。

在你看來，生命中那些讓自己感到痛苦的事情，是難得的「經驗」，還是不幸的「遭遇」呢？

約瑟夫．艾迪曾說：「真正的幸運得走過苦痛、失去和失望，只要你能走出

悲傷，自然能看見柳暗花明的桃花源。」

多娜選擇敞開心面對傷口，因而能展開陽光的笑容迎接新生活，遺忘昨天的意外和傷害。她不僅用「心」癒合了臉上的傷口，也因爲這個意外的轉折，讓她看見了夢想的未來。

幸與不幸之間，其實沒有那麼多大的差異或距離，只要我們都能學會知足，心懷感恩，生活中便沒有不幸，即使遇見了各式艱難和困苦，你也能輕鬆走過，享受生命的快樂與美麗。

只有鼓勵才能激發潛力

不要吝於給人鼓勵，只要你願意多花點時間和耐心等待，下一個成功的例子將從你的手中奇蹟孵化。

一遇到困難的事情就認爲自己「不行」的人，容易留給別人「缺乏自信」的印象，無形之中也是對自己進行負面的自我暗示。

如果你一味貶低自己，一味自怨自艾，那麼又怎麼能激發自己的潛力，又怎麼能期待別人肯定你呢？

每個人的內在蘊藏有多少潛能，連科學家也測量不出來，那我們又怎能輕易地放棄任自己呢？

從小就自卑感很重的克隆，在學校裡總是一副神情呆滯的模樣，然而沉默寡言的他，內心其實很希望有人能坐到他的身邊，拍拍他的肩膀說：「別害怕，我來幫你。」

因爲，克隆罹患了「閱讀困難症」，只是當時沒人知道這種疾病，每當克隆無法像正常人一樣，把文字符號井然有序地排列時，師長們便責怪他：「眞是個不用功的孩子！」

克隆曾經被老師以相當嚴厲的方式教導，當時老師發了一把直尺給其他學生，只要克隆不肯唸書寫字，同學們就要用直尺打他的腳。

上了中學後，克隆的情況改變了一些，因爲他在籃球場上找到了他的表現空間，但是在閱讀能力上，卻一點也沒有起色。

從高中到大學，克隆都以傑出的體育表現上來彌補他的閱讀能力，也很幸運地熬過一關又一關。

但是，畢業之後呢？

克隆考慮了很久，最後決定要投身教職工作。

一九六一年他在一所小學開始任教，每天，他讓學生們輪流上台朗誦課文，考試時則是用別人設計好的標準測驗紙，答案也是使用有洞的卡紙。

生活有點迷失的克隆，根本不知道自己在做什麼，每當周末來臨，他總是心情沉重，因爲他覺得自己愧對學生。

直到他結婚的前一晚，克隆才坦白地對他的妻子凱西說：「有件事我得告訴妳，我是個不識字的傢伙。」

凱西以爲老公在開玩笑，心想：「他怎麼可能不識字？也許他覺得自己的英文程度太差才這麼說的吧！」

凱西並不在意老公的告白，但是女兒出生後，她才證實老公眞的不識字。

爲了幫助克隆，凱西很想教他識字，但是克隆說什麼也不肯學，因爲，他認爲：「我一輩子也學不會，別浪費時間了。」

不久，克隆辭去了教職工作，轉而投入商場，沒想到卻讓他遇上了經濟不景

氣。眼看著合夥人紛紛退股，債權人威脅要對他提出訴訟，面對堆積如山的複雜文件，克隆很擔心有一天會被叫到證人席上，接受法官的嚴厲質問：「克隆，你不識字嗎？」

這天晚上天氣很涼，看著秋天的落葉翻飛飄墜，已經四十八歲的克隆望著女兒的臉龐，決定了兩件事。

首先他要拿房子出去抵押，並重新開始；接著他要走進市立圖書館，並告訴成人教育班的負責人：「我要學識字。」

教育班安排了一位六十五歲的祖母當指導老師，這個非常有耐心的老師一個一個字地教導他。

十四個月後，公司的營運狀況開始好轉，他的識字能力也進步不少。信心重建的克隆，展開了嶄新的生活，積極地出現在各種公開場合，與人分享他曾是個文盲的心路歷程。

克隆說：「不識字是一種心靈上的殘障，而且指責這些人是件相當浪費時間的事，為什麼我們不用更積極的態度，教導有閱讀障礙的朋友呢？」

成立閱讀障礙讀書會後，克隆每天都會閱讀書本和雜誌，甚至看見路標他也要大聲朗讀，他覺得讀書的聲音比歌聲更美妙，而他的妻子每天也非常配合地，仔細聆聽他的「朗讀」。

有一天，他突然衝進了儲存室，拿出一個沾滿灰塵的盒子。

原來，這裡面有一疊用絲帶綁著的信箋，雖然已經錯過了二十五年，但是他終於看懂了妻子寫的情書！

很浪漫的結尾，但是，過程的描述卻很眞實、很殘酷。克隆的「閱讀困難症」，其實就像「學習遲緩」的孩子一樣，理解力差的他們，總是被視爲「阻礙」教學進度的壞學生，只要用力鞭策後仍不見好轉，很快地便被師長們放棄，甚至是「遺棄」。

這些案例其實經常發生在你我身邊，或許我們也曾經是「否定他們」的幫凶之一。

在這個強調「分數」與「速度」的教育環境中，也許我們應該重新審視自己的教育方式。

從克隆的故事中，我們再次發現，責罰只會讓孩子們產生更大的自卑感，所以，別再用焦躁的眼神催促孩子，因爲那不僅不會刺激他們的學習潛能，反而會讓他們退縮、畏懼。

學習本來就需要時間，不管是小孩還是大人，都需要花時間慢步累積，更需要別人的鼓勵來增強信心，不是嗎？

不要吝於給人鼓勵，只要你願意多花點時間和耐心等待，下一個成功的例子將從你的手中奇蹟孵化。

每件事都要盡力而為

只要你盡力了，問心無愧的踏實感就是你成功的獎賞，你不必頂著皇冠，也自能散發出成功的光芒。

德國作家歌德曾經這麼寫道：「人生最大的快樂，並不在於最後佔有什麼，而在於追求的過程。」

確實，充滿意義的生活，就是能夠不在乎成敗得失，依照自己的意志，竭盡全力去做自己該做的事情。

遇上挫折和失敗，你會怎麼看待問題？是滿臉不悅地責怪拍檔不夠努力，還是埋怨時間不夠，靠山不夠有力呢？

把所有的「責怪」全擱置一邊吧！因爲，不管遭遇再大的挫敗，你首要反省的是：「我眞的盡力了嗎？」

爲了參加難得的奧林匹克競賽，貝克大學畢業後，來到阿斯凡學校當體育教練，因爲只有在這裡，他才能爲一九七二年奧林匹克運動競賽選手，展開嚴格的訓練。

面對學生，貝克總是這麼說：「操場上沒有體育明星，你只需盡你最大的努力，去完成每一項工作。」

認眞教學的貝克，深受孩子們的喜愛，因爲他對待他們，就像對待自己的孩子一樣。然而，過完二十五歲生日不久之後，貝克卻發現自己在指導學生練習時，很容易感到疲勞。

有一天，在操場上他突然感到腹部劇烈絞痛，隨即被送到醫院診治，然而這一進院便是好幾個月。

因為，貝克罹患了癌症。

動了二次大手術之後，醫生告知貝克的家人，他只剩下六個月的生命。面對如此嚴峻的現實，貝克一點也不願意放棄，他告訴自己：「不管還剩下多少時間，我都要把一切獻給那些孩子們。」

於是，貝克又動了一次大手術，經過一個夏天的治療後，他重回操場，並在已經排滿的課程表上，設計了一堂殘障兒童的體育課。

貝克說：「不管他們有什麼缺陷，也不能剝奪他們參與體育活動的權利，他們也許不能跑步或跳遠，但是他們會是最好的『教練計時員』，或是『犯規監督人』。」

有一天，貝克抱著一個鞋盒到訓練場上，他說：「這個盒子裡裝了兩個獎盃，一個是我要送給第一名的選手，另一個，我要送給雖敗猶榮的選手，因為他是盡自己最大努力、永不放棄的運動選手！」

病況再度惡化的貝克，並沒有因此而放棄孩子們，他每天都會出現在操場上為每一位選手打氣，對他們喊話：「無論如何，你們一定要盡最大的努力，要相

信自己，你們一定行的！」

有一天，有位選手興沖沖地跑到升旗台上，對貝克喊道：「教練！我們被邀請參加全美運動會的決賽了！」

這個消息給了貝克極大的鼓舞，他高興地說：「我現在只有一個願望，希望身體能撐到決賽那天。」

能不能堅持那麼久呢？似乎有點困難，消息發佈後的第三天，他才剛踏進校門就昏倒了，醫生檢查後發現，腫瘤破裂了。

然而，一度陷入休克昏迷狀態的貝克，醒來時卻吵著要立刻趕回學校，他說：「我一定要堅持到最後一天，我要讓孩子們對我的記憶，是筆挺地站在他們面前的模樣！」

每天依靠輸血與止痛針來維持生命的他，已經知道自己無法親自再到場上，給孩子們打氣了，因此，他每天晚上開始打電話給每一位運動員：「你們一定要盡最大的努力啊！我相信你們一定行的！」

比賽前的第二天晚上，貝克又昏迷了。

醒來時，似乎是迴光返照，大家看見他的精神飽滿地喊道：「把所有的燈打開，我要在燈火輝煌中離開。」

天空終於破曉，貝克辛苦地坐了起來，並握著母親的手說：「對不起，爲你們帶來這麼多麻煩！」

不久之後，貝克「睡著了」，不過，這一天距離醫生所預估的六個月還要晚，因爲，貝克從死神那兒「盡力地爭取」到了十八個月，一如他堅持的生命態度：「用盡全力……」

兩天後，孩子們在聖路易斯贏得了決賽冠軍，他們說：「我們盡全力爭取到了，而這份榮耀也是貝克教練的！」

作家奧維德曾寫道：「沒有勇氣過好今天的人，明天一定會過得更糟糕。」

其實，衡量一個人是否偉大的標準，並不在於擁有什麼特殊能力，或是創下什麼驚天動地的紀錄，而在於願不願意盡心盡力去做好自己該做的事情。

告示板上的「第一名」永遠只能塡上一個名字，沒有人不想坐上這個寶座，然而，與其競逐隨時會失去的「第一寶座」，不如讓「第一」永遠坐鎮在自己心中，做一個沒有人能取代的「第一名」！

如何成爲永遠的「第一名」呢？其實，方法很簡單，只要像貝克教練所說的：「盡全力，就成了！」

我們只需要時時提醒自己：「我真的盡力了嗎？如果盡力了，那麼我是不是可以問心無愧？」

當然！只要你盡力了，問心無愧的踏實感就是你成功的獎賞，因爲，那份滿足與充實的生活感動，是用再多的獎牌和獎金也無法換得的，還有，你不必頂著皇冠，也自能散發出成功的光芒。

你一定可以，只要你願意

我們的生活不該有任何絕望的念頭，因為只要我們願意，給自己一份信心，我們都會是創造奇蹟的好手。

你對生活感到絕望嗎？

你認爲外在條件阻礙了你的未來嗎？

當時間一點一滴消耗在絕望和埋怨聲中，你有沒有認眞地仔細想想：「我要怎麼跨出下一步，要怎麼重新開始？」

酷愛足球的布里恩．沃克，罹患了一種罕見的神經麻痺症，經過醫生一番治療，原本病情快好轉了，豈料又不幸引起了肺炎併發症。爲了持續他的呼吸功能，醫生不得已，只好幫他裝了呼吸輔助器。

醫生對他的父母說：「我們已經盡力了，接下來全靠布里恩自己了！」

「我還站得起來嗎？」布里恩問父親。

父親堅定地回答：「當然可以，只要你希望，你就能做到！」

布里恩努力地活動腳趾，但是五個小時過去了，腳趾卻怎麼也不聽使喚，他滿身大汗地哽咽著：「我不能動了，我不會好了，我要死了！」

這個小挫折把布里恩擊倒了，那天開始，他便昏睡不醒，不能也不想說話，即使醒了過來也不願意動，完全失去鬥志和信心了。

這種自暴自棄的情況讓愛子心切的父親擔憂不已，後來他想到一件事：「也許傑姆．米勒能幫他！」

傑姆是一位足球明星，也是布里恩的偶像。

這天，除了沃克夫婦在二樓準備迎接傑姆之外，還有一群人聚在門口等待這位名人。

布里恩的父親來到兒子身邊，指著牆上的一件「歐爾密斯」運動衣，問道：「布里恩，你想不想見到這件運動衣的主人？」

「傑姆．米勒？」霎時，布里恩的臉亮了一下，但隨即懷疑：「他怎麼可能會出現呢？我不相信！」

忽然，有個人推開了門，布里恩吃驚地喊著：「傑姆．米勒！」

傑姆笑著說：「嗨！小伙子，你怎麼啦？」

傑姆打完招呼，便走到布里恩的身邊，並伸出手要和布里恩握手，只見布里恩吃力地伸了出手，緊緊地握著足球明星的手。這也是他這幾個星期以來，第一次移動胳膊，第一次活動他的雙手，而這一握便是一個小時。

傑姆．米勒鼓勵布里恩：「你一定會好起來的，這場戰爭雖然很辛苦，但是你一定會成功的！你要像攻入球門那樣，努力達到目標，好嗎？等你好了，我們再一塊兒練球！」

最後這句話就像「特效藥」般，對布里恩非常有效，只見布里恩不斷喃喃自

語：「和傑姆．米勒一起踢球？我要和傑姆．米勒一起踢球！」

傑姆又鼓勵他說：「千萬別放棄啊！我每星期都會儘量撥出時間來看你，直到你出院爲止！」

布里恩吃力地點了點頭，說：「我會全力以赴。」

只見布里恩立即伸出左手，努力地活動著，對自己說：「剛剛可以伸出手，我一定可以再做第二遍！」然而，這一次，手卻不聽使喚，不願放棄的他，一次又一次地試著，只因「他要和傑姆一起踢球」！

「再試一次！」

這一次，一個手指出乎意料地顫動了：「我能動了！一個能動，其他的一定也行！」就這樣，他花了半天的時間讓右手的五根手指都「動了」。

第一天的成功，讓他第二天更有信心了：「我一定能好起來，連傑姆也相信我能，那我更要相信自己，我還要向他證明，只要我一直保持著戰鬥精神，就像踢球一樣，我就能走下病床。」

一個星期後，傑姆走進病房，發現布里恩已經能坐起來了，而且還能大口大口地咬漢堡呢！「你自己能吃東西了！」傑姆對他的進步感到驚訝。

布里恩笑著說：「是啊！我已經能自己呼吸囉！」

傑姆爲布里恩感到開心，鼓勵著他：「太好了，小伙子，我就知道你行！將來你一定能成爲優秀運動員，因爲你有運動員的毅力和勇敢！」

自從「信心恢復」後，布里恩便利用一切機會鍛鍊自己，直到能下床行動，可以不必扶著柱子練習走路，這一次也只用一個星期的時間完成。

當傑姆再次來訪時，感動地看著瘦弱單薄的布里恩，心想：「如果換做是我，我能做到這一切嗎？」

忽然，布里恩用小跑步的姿勢，撲向傑姆。

傑姆不敢置信心地抱著布里恩說：「你眞的成功了！」

布里恩哽咽道：「是的，謝謝你！謝謝你來看我。」

傑姆搖了搖頭，謙虛地說：「孩子，這是你自己做到的！」

一個月後，布里恩出院了，雖然步伐還沒有很穩固，但是他仍然堅持要出院，因爲他急切地想回到足球場上。

六月初，布里恩終於回到了足球場上，當他踢出第一球時，不禁高興地喊道：「這一球，爲了傑姆．米勒！」

聽見傑姆鼓勵布里恩「只要你願意，你一定行」時，你是否也感受到一股蓄勢待發的力量，像布里恩一樣，看見了希望，忘了前一秒的「絕望」？

默片時代的喜劇巨星卓別林曾說：「歷史上所有偉大的事，都是人們戰勝了不可能的事而來！」

相同的，我們也可以這麼說：「只要生命還在轉動，我們就還有機會！」

當大家都認爲「不可能」時，只要我們不放棄自己，不讓失望和絕望牽制住自己，就沒有人能否定你的價值，看衰你的未來。

我們的生活不該有任何絕望的念頭，更不該爲了眼前的不如意而灰心喪氣，就像重新振作的布里恩一樣，不再輕易放棄，因爲只要我們願意，給自己一份信心，我們都會是創造奇蹟的好手。

先接受自己，別人才會接受你

生活上不會有無解的難題，端看你願不願意敞開心把問題解開，你的「心」往哪個方向走，你的世界就會往那個方向去。

塞內卡曾經寫道：「生活最大的缺陷，在於它永遠不可能十全十美。」如果我們徹底認清這個事實，誠實地面對自己，就能眞實地掌握自己的人生，不再活在陰霾之中。如果我們連自己都不能掌握了，別人又怎麼敢相信並肯定你呢？

人見人愛的小妮姬在七年級時，被診斷出白血球過多，接下來的日子，她幾乎天天出入醫院，接受檢查與化學治療，雖然這些治療可以救命，但是她的頭髮卻因這些化療而掉光了。

妮姬開始戴假髮上課，雖然很不舒服，但是她還是戴了。然而，當她聽見其他孩子的嘲笑聲時，才發現一切已經改變，她不再是大家的焦點，也不再是個人見人愛的主角。

升上八年級之後，她的假髮經常被頑皮的同學拉扯，而且好幾次都掉到地上。遇到這個情況，堅強的妮姬也只能停下腳步，抹去眼淚，然後生氣地戴好假髮，埋怨道：「爲什麼沒有人願意幫我？」

這天，她回到家中告訴父親這個情況。

父親說：「如果妳願意，不如回家休息一陣子吧！」

妮姬搖了搖頭，說道：「那有什麼不同？總有一天我還是得回到學校，不是嗎？其實，有沒有頭髮我一點也不在意，但是我不能沒有朋友，爲什麼沒有人肯幫我呢？難道他們不知道我很需要朋友嗎？如果要我選擇，我寧願失去生命，失

去頭髮，但是我不要失去朋友。」

第二天，她依然戴上了假髮，還把自己打扮得很漂亮。堅強的妮姬對父母說：「我今天要做一些事，還要發現一些新事物。」

妮姬的父母聽見她這麼說，完全不知道她的意思，擔心女兒會發生什麼意外，因此母親勸她說：「孩子，今天留在家裡休息好嗎？」

但是，妮姬搖了搖頭說：「不用了，我沒事的！」

拗不過妮姬的堅持，他們只好載著她到學校去，妮姬下車時，回頭看了看父母親，似乎有什麼事情需要幫忙。

媽媽關心地問：「孩子，怎麼了?忘記什麼東西了嗎？」

小妮姬搖搖頭說：「我今天要完成一件很重要的事！」

父母親覺得女兒不對勁，連忙問：「寶貝，妳怎麼了？」

妮姬含著淚，微微地笑著回答：「我要去找出我的好朋友，而且今天我就會知道，誰是我眞正的朋友。」

接著，她拿下了假髮，並放在車位上，繼續說：「他們必須接受我原來的樣

子，不是嗎？不然他們是不會接受我的，而且我已經沒有時間了，今天我就必須把眞正的朋友找出來。」

她跨出了堅毅的腳步，走了兩步，又轉頭對父母親說：「爲我祈禱吧！」他們說：「會的，寶貝，這才是我的好孩子。」

沒想到，這天眞的發生奇蹟了。當她經過運動場時，學校裡的譏笑不見了，更沒有人敢捉弄這個充滿勇氣的小女孩。

最出人意料的是，從這天起，妮姬的身體日漸康復，而且她還從高中一路成長到大學，後來，她也成爲另一個勇敢小女孩的母親。

生活上不會有「無解」的難題，端看你願不願意敞開心把問題解開。你的「心」往哪個方向走，你的世界就會往那個方向去，所以，蘇格拉底才會說：「想左右世界之前，先要左右自己。」

當妮姬戴起假髮時，她心中的自卑感，就像許多人習慣用大聲說話來掩飾害

怕一樣，不必明說便已顯明。

聰明的小妮姬雖然嘴裡說不在意自己頭髮掉光，但是看著被嘲笑的假髮，她心裡知道，如果自己都不能勇敢地面對別人，用眞面貌示人，同學們又怎麼可能會體諒她，接受她呢？

於是，小妮姬勇敢地脫下了假面具，光著頭，面對眞正能接受她的人，其中也包括她自己。

相信有很多人會發現，原來自己也有著相同的情況，也有著相同的問題癥結，既然面對的問題相同，我們何不向小妮姬學習，用相同的解決方法，重新展開自己的生活呢？

能忍辱，才能負載更重要的事

只要我們能平心靜氣地修持身心，學會控制自己的情緒，自然不會為小事鬱悶，而能輕鬆快意地享受人生。

許多人都很容易被他人的批評影響，於是，我們經常見到，有些人爲了迎合衆人的目光而委屈自己，另外一些人則爲了捍衛自己而針鋒相對，卻也同時造成了彼此的對立窘態。

對於別人的惡意批評和羞辱，何必感到鬱卒？不妨一笑置之，就像佛陀曾訓誡的：「不要朝空中吐痰，因為逆風將迎面而來，那非但不會傷到對方，反而是自取其辱，傷了自己的尊嚴啊！」

釋迦牟尼佛在世時，曾經有人爲了動搖他在信徒心中崇隆的地位而四處造謠，企圖抹黑他的名聲。

不過，佛陀得知後卻始終不予理會。有一天，佛陀在街上碰巧遇到這個專門說他壞話的人，這個人見機不可失，隨即像潑婦罵街一樣連番謾罵。

佛陀並不以爲意，只是靜靜聽著，等到那個人罵累了，再也編不出壞話時，佛陀才問他：「朋友，如果有人送給你東西，你不想接受，對於這份禮物你會怎麼處理？」

那個人不加思索地說：「當然是物歸原主呀！」

佛陀點了點頭，笑著對他說：「喔，原來是這樣啊！對不起，剛才聽到你送給我的一些話，我仔細地想了想之後，實在不能接受，不知道是否可以原封不動奉還給你？」

這一問，不只令那個人啞口無言，也讓他登時醒悟自己的謬誤，立刻向佛陀

道歉，保證不再胡亂放肆。

相傳在這故事之前，即釋迦牟尼佛誕生前的五百世，據說他曾經被歌利王惡意施以凌遲的酷刑。

有一天，歌利王帶了妃子和宮女們到山中打獵，當時有點疲倦的歌利王打完獵後，便在山上打了瞌睡。

等到他睡醒時，赫然發現身邊的妃子和宮女居然全都不見了，於是立即四處尋找。就在他心急如焚之時，眼前忽然出現了一座山洞，他的妃子和宮女們，居然全部聚集在洞口，聆聽一位僧人說法。

歌利王一看，生氣地指責僧人說：「你居然敢勾引女人？」

僧人淡淡地回答：「我是個無慾望的人。」

歌利王不相信地問：「美色當前，你怎麼可能沒有慾望？」

僧人心平氣和地說：「我在持戒。」

歌利王困惑地問：「什麼叫持戒？」

僧人說：「就是忍辱。」

歌利王一聽到「忍辱」兩個字，冷笑了一聲，忽然把腰間的佩刀一拔，向僧人砍了一刀，問他：「痛不痛？」

僧人說：「不痛。」

歌利王一聽更加生氣，非但沒有停下刀，反而殘忍地將僧人身上的肉一塊塊地割下，之後再問：「你恨我吧？」

沒想到僧人仍然平靜地說：「既然無我，哪來的怨恨？」

當僧人話才說完，忽然狂風大作，天龍八部聚集護法，轉眼間，被分解的僧人忽然完好如初。歌利王一看，害怕得跪了下來，請求僧人饒恕，僧人見他誠意求饒，也立即向天神求赦，天地很快地回復平靜。

歌利王似有所悟，隨即向天發誓，永世向善，而僧人聽見後便對他說：「我若成佛，便先渡你。」

據佛教典籍所說，歌利王就是後五百世釋迦誕生之時的憍陳如。

故事中，佛陀所表現的氣度，與詩人但丁說過的這句話頗為相近：「走你的路，讓人們去說吧！」

這是「忍辱」，也是「寬宏大量」，從佛陀得道的小故事中，我們看見了修身自制的重要性。

對於造謠者，我們不需要理會，因為那些無聊的謠言、八卦，對我們並不會有任何損害，畢竟事實勝於雄辯，我們無須在這些小事中打轉，更不該讓情緒受陷其中，因為眼前的大事，還等著我們去推行和實現。

無論出世還是入世，生命的道理其實是相通的，只要我們能平心靜氣地修持身心，學會控制自己的情緒，自然不會為小事鬱悶，也不會為小事暴怒，而能輕鬆快意地享受自己的人生。

有勇無謀，只會為自己帶來麻煩

凡事都要先靜後動，智取不足再用武攻，這也正是聰明人永保安康的最佳秘方。

行事果敢當然很重要，但如果只知道蒙著頭向前衝，不懂得運用智慧，莽撞行動的結果，只會讓自己陷入危機。

爲了避免危機，行動之前一定要妥善規劃，準備好各種應對的方法。有勇無謀，只有激情卻沒有理智，往往只會造成無法收拾的後果。

在一個偏僻的城郊外，有間久無人居的鬼屋，向來沒有人敢接近這附近，更別提住進這間房子了。

不過，阿明卻認爲這是人們的傳言，是無稽之談。爲了破除迷信，他決定在這間傳說的鬼屋裡住一個晚上，並捉出所謂的「惡鬼」。

阿明在天黑前便躲進了屋裡，身上還帶了一根木棍，準備要讓「惡鬼」好好地吃一頓棒打。

沒想到，這天村裡有另一個人也自告奮勇要去捉鬼，不過他直到深夜才來到鬼屋附近。

半夜，這個自告奮勇的村民也拿了根木棍，獨自一人慢慢地走進了鬼屋。當他來到門口時，忍不住打了一個寒顫，但他吞了口氣，對自己說：「別怕，只要惡鬼一出現，我就要把他打得不成鬼形！」

門外這個村民鎭靜下來後，便先用手叩了叩門，雖然他早知道裡頭根本沒有人住，不過，這個小動作卻能幫助他壯壯膽子。

然而，裡面的阿明一聽見這陣叩門聲，卻以爲惡鬼現身了，因此立即起身，

用力地抵住了大門，不讓村民把門打開。

這個舉動卻讓村民以爲，裡面眞有惡鬼居住，於是更用力地推門。就這樣，兩個「人」相互擋在門扉之前，因爲，他們心裡都認定了：「惡鬼，你終於來了，看我如何教訓你！」

一個努力地往裡推，一個則用力地阻擋著，忽然「啪」一聲，年久失修的門被他們弄破了。黑暗之中，兩個人都沒看清對方的面貌，就在認定對方一定是「鬼」的情況下，拿起了木棍朝著對方猛烈打擊。

直到雞啼聲響，天空漸亮，兩個人已互毆到頭破血流，最後終於不支倒地。兩個人努力地喘著氣，並藉最後一股力氣，努力地想看一看，到底這個惡鬼長成什麼模樣。

當兩個人相望時，都驚呼一聲：「是你！」

原來，這兩個「鬼」都發現，對方居然是同鄉多年的好朋友！

小故事總有大啟發，看這兩個沒有預先查明眞相，便相互鬥毆的好朋友，你是否也忍不住想嘲笑他們的匹夫之勇？

然而，場景轉到你我的現實生活之中，我們不也曾經發生相同的情況，不分青紅皀白就勇氣十足地爽快答應：「就看我的！」

結果呢？問題眞的輕鬆解決了，還是爲自己惹來了一堆大麻煩呢？

我們誇讚一個人「智勇雙全」之時，其中的關鍵並不在「勇」字，而是在「智」的身上。就像故事中的兩個人，如果他們都能先運用智慧，辨別清楚「惡鬼」的身份與自己的形勢，自然能免去亂棒的攻擊。

所以，凡事都要謀而後動，智取不成之後再用武攻，這也正是聰明人永保安康的最佳秘方。

5

PART

凡事全力以赴，好運自然眷顧

想要有出頭的機會，
光是能力強是不夠的，
也必須要有表現的機會，
不排斥做分外工作，
或許就能在無形中替自己創造好運。

用感謝的心情迎向人生

別再抱怨，如果你是揮汗走來，那麼你應該心存感謝，因為若不是你堅持走過這段辛苦的路，今天怎能擁有這麼多？

聰明人都知道，生活如果太過平順，沒有偶來的風雨，根本無法真正品味、享受人生。從這個角度來說，現在多吃點苦頭又何妨。

當成功在望之時，我們也明白了一個道理：「苦日子終究會走過，無論遇到多少艱難和辛苦，只要能嚐到滋味甜美的果實，一切都值得！」

一八九四年韓國爆發一場農民戰爭，半個世紀之後，作家朴泰源決心再現這一段歷史。從下定決心的那天開始，朴泰源日以繼夜地忙碌，經常通宵工作之下，身體很快地便出現問題。

首先出狀況的是靈魂之窗，他的眼睛突然開始模糊，視力急劇下降，醫生診斷之後告訴他：「你患了視神經萎縮症，視網膜已經有發炎的情況，目前你應該停止工作，好好地休息、檢查與治療。」

了解情況之後，朴泰源知道再不休息，雙眼不可能康復，但是卻始終都放不下手中的稿子：「不行，我不能在這個時候停下來！」

害怕一停手便再也找不回靈感的朴泰源，最後還是決定繼續工作，而且比之前更加積極，因爲持續退化的視力正預告著失明的可能。

這天，他坐在灑滿陽光的窗前專心整理草稿，突然眼前一片黑，忍不住驚呼著：「老婆，天怎麼突然黑了？」

妻子聽見丈夫這麼說，先是一驚，接著抑制住情緒，心想：「老公眞的失明了，不，一定會有奇蹟，也許下一秒鐘到來時，老公便能重見光明了，他現在看

見的是個假象！」

朴妻沒有回應丈夫的呼叫聲，只靜靜地等待時間走過，但過了好幾秒鐘，朴泰源的雙眸仍不見光明。

朴泰源忽然滿臉笑容地說：「老婆，我看見陽光了，它正在我的心中。啊，現在還跳進了我的腦海裡了，太好了，我將永遠生活在光明之中了！」

面對這突如其來的意外，朴妻一點也不責怪丈夫，甚至還對朴泰源說：「別再寫了，我的薪水足夠支持一家人的生活。」

但是，朴泰源搖搖頭，堅定地說道：「老婆，對我來說這是一個使命，我不能輕易放棄的！」

失明後的朴泰源請人做了一塊大小和稿紙差不多的紙板，並在板子上刻出一個個小格子，利用這個新發明的工具，繼續他的創作使命。

早上，妻子會幫他準備好紙和筆的位置，然後便上班去，下班回來後，便幫他重新謄寫一遍。

原以為走過了失明的這一關，誰知道命運在他克服障礙之後又出了道難題。

這天傍晚，朴泰源忽然半身癱瘓了，雙手也不聽使喚。每位探視的朋友都力勸他：「別再寫了，身體要緊，你要好好休息。」

「不，我還可以用說的，還差一點點，如今對我來說是最好的時刻，我知道當別人過了一秒鐘時，我可是過了十年，只要能好好地爭取這一分一秒，我就很滿足了！」朴泰源堅決地對朋友們說。

一九七七年四月，用生命寫成的《甲午農民戰爭》終於出版了，爲此政府還授予他兩枚一級勳章。

法國作家安德烈．紀德說過：「人人都有驚人的潛力，要相信自己的力量與青春，要不斷告訴自己：我就是命運的主宰。」

樂觀的人不會因爲困難而退縮不前，也不會因爲厄運而心生畏懼，不論遭遇再艱困的際遇，人都得保持積極樂觀的心態，試著從黑暗中找到亮光，試著從迷霧中尋找自己前進的方向。

一個人的生命到底有著多少可能，能創造多少奇蹟，恐怕連最先進的科學儀器也測量不出來。

保持樂觀進取的態度，世上沒有所謂「不可能的任務」，只要有決心和毅力，再艱難的任務也一定能完成。

看著朴泰源堅毅不屈的人生遭遇，我們心中揚起的感動與尊敬更多於同情，也許生命本身是很期待「考驗」的，因爲沒有這樣的經歷，便無法體會人生的難得與珍貴吧。

歷經那樣多辛苦的過程的人，是否更能爲自己感到驕傲呢？當別人正無謂地浪費生命之時，你卻讓生命時間加倍延伸，讓「有限」成了「無限」。

別再抱怨，如果你是揮汗走來，那麼你應該心存感謝，因爲若不是你堅持走過這段辛苦的路，今天怎能擁有這麼多？

你應該抱持著感謝的心情，繼續你未來的人生。

只要轉換情緒，就能戰勝恐懼

很多事情剛開始面對之時，難免會讓人感到不安。只要能轉換害怕的情緒，用好奇和希望面對一切，就能驅除心中的恐懼。

害怕是人類最普遍的感覺，任何人都免不了有恐懼的時候。它可能來自過去不好的回憶、周遭環境，或者由自己的內心衍生製造出來。

當恐懼愈甚，危機也愈近。

相反地，只要我們能改變想法，妥善運用「害怕」，反而能將這種畏懼的心情轉化成為一種行動的助力。

因爲「害怕」，讓我們行事多一分謹慎；因爲「害怕」，讓我們選擇「專心在工作上」來忘掉恐懼心理。

傳說拉比阿基瓦是一個貧苦的牧羊人，在他四十歲之前，從來沒有接受過教育，四十歲之後才開始學習之路，但後來卻成了最偉大的猶太學者之一。

在他與富有的卡爾巴・撒弗阿的女兒結婚之後，新婚妻子催促他到耶路撒冷學習《律法書》。

他對妻子說：「我都四十了，還能有什麼成就？現在要我去讀書，只會換來大家的嘲弄，他們一定會說我不自量力，一把年紀還能讀什麼書？」

妻子說：「跟我來，我讓你看點東西，不過，你要先幫我牽來一頭背部受傷的驢子。」看到阿基瓦如此沒自信，妻子決定用個方法鼓勵他。

阿基瓦把驢子牽來後，妻子就用灰土和草藥敷在驢子的傷背上，土乾了之後呈現一個怪異的形狀，就像背上多了個鳥巢，讓驢子看起來非常滑稽。

之後，妻子帶著阿基瓦，一同把這頭怪模怪樣的驢子牽到市場上，每個人都

指著驢子的背哈哈大笑。

第二天，夫妻兩人又帶著驢子上市場，當然還是換來人們的大笑。到了第三天，所有人都已見怪不怪，再也沒有人指著驢子發笑了。

「去學習《律法書》吧，」阿基瓦的妻子說：「今天人們也許會嘲笑你，明天他們可能還會再笑話你，但是到了後天，他們就會改口說：『他就是那樣，沒什麼好講的』。」

阿基瓦的妻子如此做的用意，就是希望他能明白，就算四十歲才開始學習，會讓人看笑話，也不用因爲害怕被嘲弄而放棄學習的機會。

因爲，人是健忘的動物，到了第三天就不會再嘲笑了。

美國第二十六任總統羅斯福曾說過：「很多事我起初都很害怕，可是我假裝不害怕去做，慢慢地，我就真的不害怕了。」

很多事情剛開始面對之時，難免會讓人感到不安與惶恐，沒有勇氣面對，忍

不住想要逃避。

但是只要有個開始，試著面對它之後，就會慢慢克服一切，甚至開始喜歡它，樂於主動接近它，希望發現它更美好的一面。

沒有人永遠「不會害怕」，只是我們常常讓害怕佔據整個心思，使得自己失去面對的勇氣。

只要能轉換害怕的情緒，用對事物的好奇、熱心、期待和希望面對一切，就能驅除心中的不安和恐懼。

絕不鬆懈，才能加入成功行列

抵達終點之前的努力奮鬥，往往是致勝的一擊。我們可以擁有自信，可以享受勝利的喜悅，但是請先通過終點再說！

大文豪莎士比亞曾經說過：「一件事情開始以後，直到贏得一切之前，不應中途棄置。」

有百分之七十五的失敗，往往只差臨門一腳就會踏入成功之門。常有人因爲無法堅持到最後一刻，最後導致失敗。

在這之中，不乏因爲輕敵而讓人趁勝追擊的例子。

一個聰明的人，懂得利用對手的疏忽，來爲自己贏取勝利的機會。所以，在比賽結束之前，都不該讓自己鬆懈。

一九八八年奧運在韓國首爾舉辦，游泳競賽項目男子一百公尺蝶式決賽正如火如荼地展開。

領先的是美國泳壇名將馬特·比昂迪，他已經把其他選手拋在身後，正奮力朝終點衝刺。觀眾席上群眾瘋狂揮動的雙手似乎也表示，他將是這場比賽的冠軍，穩操勝券。

抵達終點後，比昂迪從水中抬出頭來，舉起雙手，想慶祝自己獲得第一的榮耀。但是，大螢幕上還沒打出成績，整個賽場一片寂靜。

幾秒後，成績出來了，觀眾都發出不可思議的驚嘆聲，原來一個名叫安東尼·內斯蒂，來自蘇利南的選手，以〇·〇一秒的些微差距戰勝比昂迪，獲得男子一百公尺蝶式的冠軍！

但在比賽之前，根本沒人注意過這個來自蘇利南的選手，甚至不知道這個國家。

爲什麼會有這出人意料的結果呢？透過慢動作畫面重播，可以清楚看到在衝向終點的一刹那，比昂迪並沒有保持蝶泳的狀態，僅僅靠著游動中身體的慣性，滑到了終點。

同一刻，來自蘇利南的選手內斯蒂始終保持蝶泳的最佳姿態，全力衝向終點，甚至差點撞到前面的牆壁。正因爲這樣，他在最後的關鍵時刻，超過比昂迪，第一個到達終點，成了這次比賽的最大冷門。

內斯蒂奪得金牌後，不僅震驚了奧運會內外的游泳行家，也撼動了他的國人，蘇利南政府宣布全國放假一天，隆重迎接凱旋而歸的內斯蒂。

他是自一九六〇年蘇利南參加奧運會以來，第一位獲得冠軍的運動員，也是在游泳比賽中第一個獲得冠軍的黑人選手。

這次比賽也被人們稱之爲「〇．〇一秒的奇蹟」。

馬特．比昂迪之所以失敗，是因爲他認爲自己一定可以拿下第一，而在最後關頭鬆懈自己前進的速度。

抵達終點之前的努力奮鬥，往往是致勝的一擊。安東尼．內斯蒂就是秉持著堅持到底的奮戰精神，即使落後仍然全力衝刺，讓他以「〇．〇一秒」的微小差距戰勝對手。

很多電影或漫畫中常常出現一個場面，主角將敵人打倒在地後，瀟灑地轉身，準備迎接勝利的歡呼時，敵人突然清醒，從後面偷襲。雖然最後的結局，主角還是會獲勝，但是往往成爲傷痕累累的英雄。

我們並非戲劇中的英雄，現實的狀況是殘酷的。我們可以擁有自信，但不代表可以輕忽對手，我們可以享受勝利的喜悅，但是請先通過終點再說！

想贏得最終的勝利，一直到比賽結束之前都不可放鬆意志，如此得到的成功才算是眞實、可靠的。

不怕犯錯，只怕不能從中改過

當錯誤發生時，別急著怒罵、指責，不如藉此「機會教育」，少批評、多引導，方能確實達到改善的目的。

在傳統教育下，最害怕的就是犯錯，哪怕只是一點小錯誤，甚至莫名其妙的理由，也會換來一頓修理。

不可否認的，許多做人處事的道理，就在痛過之後牢牢記住。可是，在打罵教育的成長過程中，自信心也這樣被打掉了。

打罵眞的是好的教育方式嗎？

史蒂芬．葛雷是個科學家，對醫學也有重大的貢獻。有個報社記者採訪他，想知道他為什麼會比一般人更有創造力，是什麼因素讓他超乎凡人？他將這份成就歸功於小時候母親的生活教育和經驗。

史蒂芬年紀尚幼時，有一次從冰箱裡拿出一瓶牛奶，結果失手把瓶子掉在地上，牛奶濺得滿地都是。

他的母親來到廚房，看到這個情形並沒有對他大呼小叫，反而說：「哇，你製造的混亂還眞棒！我幾乎沒看過這麼大的奶水坑。反正已經這樣了，在我們清理它以前，你要不要在牛奶中玩幾分鐘啊？」

史蒂芬眞的坐在滿是牛奶的地上玩了起來。

幾分鐘後，他的母親說：「你知道，當你製造這樣的混亂時，最好的處理方式就是把它清理乾淨，做到物歸原處。現在，你想這麼做了嗎？我們可以用一塊海綿、一條毛巾，或者一支拖把。你比較喜歡哪一種呢？」

他選了海綿，然後他們一起清理地上的牛奶，在吸飽海綿的「遊戲」中，史蒂芬玩得不亦樂乎。

接著，他的母親又說：「你已經從用兩隻小手拿大牛奶瓶的實驗上得到失敗的經驗。現在，讓我們到後院去，把瓶子裝滿水，看看你是否可以用另一種方式拿得動它。」

在反覆的試驗中，史蒂芬學到了，如果他用雙手抓住瓶子上端接近瓶嘴的地方就可以穩穩拿住它。

這是一堂很棒的課。這位科學家說，那一刻他知道他不必害怕錯誤。除此之外，他還學到，錯誤只是學習新東西的機會；科學實驗也是如此，即使實驗失敗，還是會從中學到有價值的東西。

如果一個人因爲害怕犯錯而不敢嘗試新事物，就很難有突出的表現。史蒂芬的成就，歸功於他有一位有耐性、觀念新穎且正確的母親。這也讓人聯想到之前

一則有趣的新聞。

荷蘭運輸部官員曾廣邀不良少年極盡所能破壞地鐵的設施。他們讓少年拆毀新地鐵車廂內的座椅及其他設備，以了解新地鐵設備中，有哪些部分是需要加強改善的，儘量做到足以抵擋惡意破壞之後，才打算上路通車。

這種新穎的測試方法，除了讓人大開眼界外，也讓人了解到，最有效的學習，是從錯誤中汲取而來。

想要有所成就，便不能害怕犯錯。並且，當錯誤發生時，別急著怒罵、指責，既然事實已經造成，不如藉此「機會教育」，少批評、多引導，既不會傷害他人的自尊，又能確實達到改善的目的。

若每一個靈魂都能在引導式的教育下成長，相信會減少許多不必要的傷害，甚至啓發出一個未來的大人物。

凡事全力以赴，好運自然眷顧

想要有出頭的機會，光是能力強是不夠的，也必須要有表現的機會，不排斥做分外工作，或許就能在無形中替自己創造好運。

有句話是這樣說的：「當你要請人幫忙之時，找個最忙碌的人。」或許你會感到疑惑，要請人幫忙不是要找個「有空」的人嗎？在理論上的確如此，可是實際上卻有應當考量的層面。

爲什麼當大家都在忙碌的時候，卻有人特別空閒呢？原因有幾種：一、他的能力很好，事情一下子就忙完了；二、他在摸魚，將工作推給他人；三、他把事情草草做完，所以有空下來的時間。

很可惜的是，很多有「空閒」的人都屬於後兩者。

不過，多數人不會有「空閒」的時間，只有剛剛好把事情完成的空間。因此，不突出、不特別的「普通人」特別多。

如果你是個「普通人」，能力尚可，又想擺脫這樣的身分，獲得更好的機遇，受上司垂青的話，該怎麼做才好呢？

那就是：做自己分外的工作。

馬克道尼爾是一間肥料工廠的速記員，在一個懶惰的主管底下做事，那主管總是把所有事情都丟給底下的職員，自己不聞不問。主管覺得馬克道尼爾是一個可以任意使喚的人，某次便叫他代替自己編一本阿穆耳先生住歐洲時使用的密碼電報書。

馬克道尼爾接下這個繁雜的工作後，不像一般人編電碼一樣，隨便用幾張紙簡單列出來，而是編成一本小小的筆記本，用打字機很清楚地編排出來，然後再

用膠裝訂好。

做好之後，主管便將筆記本交給阿穆耳先生。

「這大概不是你做的吧。」阿穆耳先生看了一下，冷冷地問。

「不……是……」那主管顫慄地回答。

「你叫他到我的辦公室一趟。」阿穆耳先生揮揮手，要主管離開。

在主管責備告誡後，馬克道尼爾戰戰兢兢進入辦公室。

阿穆耳打量了馬克道尼爾一會兒，才開口說：「小夥子，你怎麼把我的電報做成這個樣子？」

「我想這樣你用起來會方便些。」馬克道尼爾照實回答。

幾天過後，馬克道尼爾便坐在辦公室前面的一張桌子，擔任阿穆耳先生的助理；再過些時候，他便取代以前那個懶惰主管的職位了。

就這樣，馬克道尼爾由一個速記員成爲肥料工廠的廠長。

馬克道尼爾之所以能從一個速記員爬升到廠長職位，是因爲他接受分外的工作，並且用心做好它，才讓主管有認識他的機會。

很多人對於「分外」的工作非常排斥，總認爲「那又不是我的事」，就算是舉手之勞也不願意去做。

的確，現代人比較懂得說「不」。但是，在這個知識普及、競爭激烈的時代，想要有出頭的機會，光是能力強是不夠的，還必須要有表現的機會。

凡事全力以赴，自然會有好運眷顧。這並不是要你做得要死要活，累得不成人樣，而是要懂得把握表現的機會，不排斥做分外工作，並且努力將它做好，這麼一來或許就能在無形中替自己創造好的機運。

專一，才能創造成功的契機

想要獲得成功，便得選擇一條屬於自己的道路，專心一致地走下去，成功就在不遠處等著你。

德國作曲家華格納說過：「一個人不能同時騎兩匹馬，只要騎上這匹，就要放棄另外一匹，聰明人會把一切分散精力的要求放在一邊，只要專心認真地學一門，並且要把它學好。」

成功的秘訣有很多，但無論如何都脫不了「專心」二字。國際知名導演李安也曾經描述自己就像「參賽的馬，眼睛兩側蒙著黑布，專心向前看著目標，然後全力向前奔馳」。

確實，當你確定了一個目標，只要心無旁鶩，只管奮力往前衝刺，就能跑得比別人快。

波廉從父親手中接下麵包店時，就暗自下了一個決定：要走出一條與別人不同的經營方式。

當時，所有麵包店都努力研發新口味來吸引顧客，他卻決定不做新口味麵包，而是找回幾乎已被人們遺忘的傳統口味麵包。

波廉花了兩年時間，親自登門請教了一萬多個老烘焙師傅，嚐過七十五種從沒吃過的麵包，經過這段長期研究，波廉發現以前的法國麵包是黑麵包，而不是現在人們熟悉的白麵包。

波廉解釋道：「傳統的黑麵色大都是窮苦人家吃的，在二次大戰後幾乎銷聲匿跡。而來自外地的白麵包，象徵有錢及自由，於是成爲新寵。」

基於民族情感和市場定位，波廉決定不做白麵包，將全部精力投入製造復古

口味的黑麵包。

波廉說：「三種相同的原料就能做出千種以上不同的麵包，這是因爲水與麵粉混合的比例、生產地氣候、發酵時間，甚至烤爐設計及燃料來源，都會影響麵包的味道。」

因此，波廉堅持用磚及黏土製造的烤爐，而且燃料一定要用木材。他發現唯有採用這種方式，生產出來的麵包，即使經過加溫食用也能保持原味。

因爲各地條件不一定能完全配合，波廉並沒有在全球各地開分店。爲了將麵包行銷到世界各地，波廉將麵包廠設在巴黎機場附近，利用機場旁的聯邦快遞轉運中心，及時將麵包送到世界各地。

波廉的麵包顧客滿天下，受到全世界人們的喜愛。

波廉還將研究麵包的製作過程寫成一本書，至今仍是法國各地烹飪學校的必備教材之一。此外，他還有一間專門收集各種有關麵包書籍的私人圖書館，藏書超過二千冊。

麵包師傅波廉所做的法國黑麵包行銷全球，除了眼光獨到、有行銷腦袋外，最重要的還是他能夠專心致力於一個目標，並用心鑽研於其中。

雖然只是生產「傳統黑麵包」，他卻能研究得如此透徹，從原料、烘烤過程、燃料，甚至生產氣候……等等，都堅持用最適合的方式製作，也難怪有如此成就。

當我們看著日本節目，那些被稱爲「達人」的驚人成就，並感慨爲何台灣鮮少有這樣的人才之時，不妨想想，爲何別人做得到，而我們不行？

我們表面上看似忙碌，但是否不夠「專一」，分散而且浪費太多的精力於無關緊要的小事上，沒有下功夫在眞正該專注的事情上？

想要獲得成功，便得選擇一條屬於自己的道路，專心一致地走下去，成功就在不遠處等著你。

機會由自己創造最可靠

一個真正的成功者，不僅努力培養自身能力，更積極於尋找、製造成功的機會。當機會不來敲門時，你就該主動拜訪它。

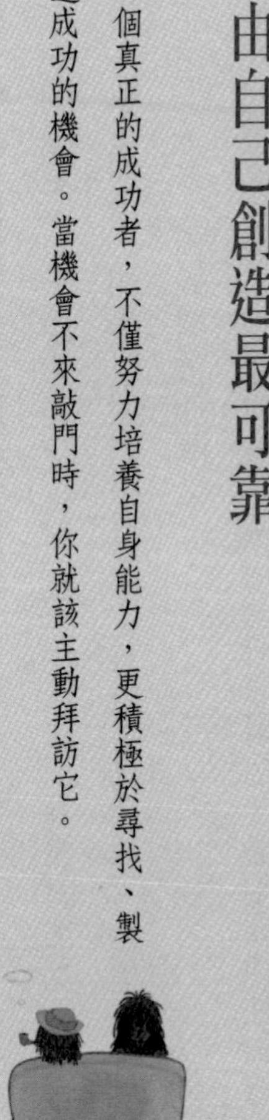

有句話這樣說：「當機會遲遲不來時，你就必須主動去尋找它。」

成功除了靠努力之外，多半也有點機運。於是，有人做好一切準備，就等著機會降臨，可是機會偏偏總是和他擦身而過，左等右等，就是等不到它。

如果這時候不展現積極的做法，還繼續傻傻地坐在家裡等待奇蹟出現，就是一件非常危險的事了。

若是眞的想獲得成功，最可靠的辦法就是自己去創造機會。

二十世紀二、三〇年代間，美國經濟蕭條，各行各業普遍不景氣。多倫多有一位年輕畫家，家境非常拮据，全家人常常過著有一餐沒一餐的日子。這個畫家擅長畫木炭畫，但受環境的限制，畫得再好也賣不出去。

後來，年輕人終於明白，要想靠賣畫來養家，只能到富人那裡去開拓市場。可是他根本沒有人脈，要怎樣跟有錢人接近呢？

他苦思冥想，最後他來到多倫多《環球郵政》報社資料室，從那裡借了一份畫冊，其中有一幀加拿大某家銀行總裁的肖像。他回到家，就著手描摹起來。完成後，他把它放在相框裡，裝訂得端端正正。

接下來的問題是，要怎樣才能交給對方呢？他在商界沒有朋友，想得到引見是不可能的。他也知道，如果貿然與對方見面，肯定會被拒絕。寫信要求見對方，這種信可能過不了大人物的秘書那關。

這位年輕的畫家知道，想要穿越總裁周圍層層阻擋，必須要抓住對方追求名

利的心理，投其所好。

他將頭髮梳理整齊，穿上衣櫃中最體面的衣服，來到這位銀行總裁的辦公室，要求與他見面。果然不出所料，秘書攔住他，並告訴他如果沒有事先預約，想見總裁是不可能的。

「真糟糕，」年輕人一邊說道，同時把包覆住肖像畫的保護紙揭開，「我只是想拿這個給他瞧瞧。」

秘書看了看畫，把它接了過去，猶豫了一會後說道：「你請先在這兒稍坐一下，我去去就回。」

過沒多久，秘書就對年輕人說：「請從那個門進去吧，總裁想見你。」

當畫家步入辦公室時，總裁正在欣賞那幅畫。

「你畫得棒極了，」他說：「這張畫你打算要賣多少錢？」

年輕人鬆了一口氣，開價一百美元，結果順利成交了。以當時的物價而言，一百美元可是一筆不小的收入。

這名年輕的畫家除了洞悉人的心理之外，更了解這個大環境和自己的優勢。他利用繪畫天賦，再加上銀行總裁對自己的優越感，打破社會階層的藩籬，順利將自己的畫作賣出去。

這個「另類」的推銷手法，為年輕畫家開創了生機。

有很多失敗的人，常常會將原因歸咎於「沒有機會」。然而，眞正的成功者，不會把這個當藉口。他們不僅努力培養自身能力，更積極於尋找、製造成功的機會。因此，在時機成熟時，他們擁有的選擇機會往往比別人多，自然也會有更多機會能開創出一番成就。

當機會不來敲門時，你就該主動拜訪它。哪怕要多走幾條街、多敲幾次門，只要你願意，成功就會在不遠處招手。

不要讓情緒影響智力

想解決問題，就一定要避免牢騷與抱怨。若浪費太多時間在情緒宣洩上，便很難讓情緒冷靜下來。

遭遇困境，想要解決困難之時，不要讓情緒影響自己的智力，而要緊扣住問題的核心慢慢推進。

不要用情緒面對問題，無論多麼刁鑽的難題，只要情緒能控制好，冷靜地處理手上的問題，所有困難都有機會扭轉劣勢。

魯迅在廈門大學擔任教授時，該校有一位名叫林文慶的行政人員讓全校師生們都深感厭煩，因爲他常苛扣學校經費，也常刁難師生申請的研究經費。

有一天，林文慶把研究院的負責人與教授們全部找來開會，當場宣佈：「從今天開始，你們的經費將削減一半。」

教授們一聽，紛紛提出反對，沒想到林文慶卻鄙夷地對衆人說：「對不起，這件事不能再依你們了，畢竟這間學校的經費全是有錢人拿出來的，有錢的人才有權發言。」

林文慶蠻橫無理、仗勢壓人，話語裡更是充滿了歧視，令在場所有人都憤憤不平。這時，魯迅忽然站起身來，接著便從口袋裡摸出了兩個銀元。

「啪！」魯迅猛地將銀元丟到桌上。

接著他鏗鏘有力地說著：「我有錢！我也有發言權！」

林文慶一看是難搞的魯迅，更沒料到他會有這麼一手，一時間瞪大了雙眼，張著口卻不知道怎麼回嘴，狼狽不堪的模樣令其他人忍不住偷偷竊笑。

接著，魯迅力陳經費不足的後果，並振振有辭地指出經費不能減少的理由，

有理有據地逐條解說，反駁得林文慶啞口無言。

林文慶最後只能默默地收回自己的主張。

為什麼其他教授只能乾瞪眼，不能像魯迅一般迅速還擊呢？

正是因為他們用情緒面對問題，因而找不到著力點。魯迅在發言前掌握了出奇制勝的技巧，他緊抓著「有錢」兩個字來大做文章，封住林文慶的嘴，不讓他有任何反駁與批評的空間。

這一記當頭棒喝，讓自以為有錢就佔上風的林文慶，反而無話可說，幽默機智的魯迅沒有直接批駁林文慶的要求，只順著他的「有錢」等於「有權發言」的邏輯加以反擊，讓林文慶轉向下風，終於扭轉了劣勢。

想解決問題，就一定要避免牢騷與抱怨。若浪費太多時間在情緒宣洩上，便很難讓情緒冷靜下來，所以魯迅在故事中傳遞了：「想解決問題，就要順著問題的癥結積極思考，然後才能正中問題的核心，輕鬆解決。」

PART

運用智慧，活用眼前的機會

大多數人不知道自己到底想要些什麼，
即使立即滿足了需求，
最後還是會因缺乏宏觀的視野，
讓生活不斷地出現紕漏。

懂得割捨，才能獲得

人都希望少一點犧牲，多一點擁有，不過，機會的遊戲規則總是不盡如人意，人們要多一點犧牲，然後才能得到多一點機會。

我們常聽老一輩的人說：「有捨才有得！」

那是因為先有犧牲，我們才能有更多的空間補充眞正需要的。

其實，學會犧牲沒什麼不好，與其糾結著心斤斤計較，不如寬心一點，把眼光放遠，說不定更能看見千載難逢的機會。

對於人們羨慕的眼光，「電學之父」法拉第一點也不驕傲，因爲他清楚知道眼前的機會是自己爭取來的。

從一個裝訂工到一位成就非凡的科學家，這一切得歸功於化學家戴維的提拔，除此之外，若不是法拉第積極爲自己爭取機會，也許他永遠只是個沒沒無聞的小雜工。

法拉第還是個裝訂書報的工人時，每一次聽完了戴維的報告後，都會把所有的報告重新謄寫過，並且小心整理，裝訂成一本小冊子，然後再恭敬地把用羊皮封起來的冊子送去給戴維。

戴維深受感動，並力邀法拉第到實驗室面談。

但是，他和法拉第談完後，卻說：「對不起，我看你年紀也不小了，而且教育程度也不高，我想這裡不適合你，你還是回到裝訂室去吧！」

原本滿懷希望的法拉第，沒想到戴維當場潑了他一桶冷水。

不過，這桶冷水似乎澆不熄法拉第熾烈的企圖心，他認眞地看著戴維說：「沒關係，當不成實驗員，那就讓我在工作室裡打雜吧！」

戴維想了想說：「好吧！」

就這樣，法拉第一步步朝著實驗室助手之路前進，從雜工到科學家的道路，他走得一點也不輕鬆，但是，這位電學之父始終知道：「無論如何，最後，我一定會成功！」

懂得割捨，才能獲得。凡事不能急躁，所以法拉第知道要退而求其次，先從雜工開始，慢慢地往自己的科學夢前進。

我們都是在「犧牲」與「擁有」之間不斷估算，大多數人都希望能少一點犧牲，多一點擁有，不過，機會的遊戲規則總是不盡如人意，我們往往要多一點犧牲，然後才能得到多一點機會。

學學法拉第，學習他謙卑與犧牲的人生態度：「從頭開始也無妨，雖然現在只是個雜工，距離科學家還有長一段距離，但是只要對自己有信心，無論終點多遠，我們都一定能走到。」

適當的慾望能激發生命能量

人生能否充滿喜悅，是否可以事事順利，其中關鍵不在於外在怎麼給予，一切全看我們內心怎麼要求自己。

激勵作家安東尼．羅賓巡迴演說時曾經說過：「生活就好比軍隊打仗，勝利的方程式其實很簡單，那就是面對各種挑戰與困境之時，要擁有非成功不可的企圖心，勇敢地向命運之神要求更多。」

要求多，我們的企圖心便相對地增高，希望能再「多得一些」，我們的行動力就會更加積極。

沒有行動不可能擁有一切，所以，給自己多一點慾望與要求，我們才會更加積極地鞭策自己，早日滿足心中的夢想。

研討會剛剛結束，安東尼．羅賓帶著有些疲憊的身體在科普利廣場上散步。在這個夜深人靜的時分，羅賓難得仔細觀察他每天經過的廣場。

四周的建築好似訴說著一段段美國歷史，因爲每個時期不同的建築風格正環繞著。羅賓踱著步伐走過，但此刻的心情有些被打亂，因爲他的面前忽然出現一個流浪漢，帶著滿身酒氣搖搖晃晃地走來。

羅賓心想：「大概想要錢吧！」

果然如他所預期的，流浪漢一看見羅賓便迫不及待地開口說：「先生，給我一塊美元吧！」

一開始羅賓有些猶豫，但最後他還是拿了一塊美元出來，畢竟這一塊錢實在沒什麼，只是，他不想眼前這個人高馬大的流浪漢繼續墮落，心中想著：「這不能救急也不能救貧，我應該給他一個方向。」

羅賓對他說：「你要一美元嗎？真的只要一美元嗎？」

只見流浪漢晃著腦袋說：「就一塊美元。」

羅賓遞給他一塊美元後，又對他說：「先生，人生能得到多少，得看你對人生有多少要求。」

流浪漢聽見羅賓這麼講，一時之間愣住了，但是，幾秒鐘過後，便拿著錢搖搖晃晃地離開了。

就像安東尼．羅賓從流浪漢身上所看到的，即使是相同的人生旅程與時間，成功者和失敗者之間最大的差異是他們「自我要求」的不同。

換句話說，人生能否充滿喜悅，是否可以事事順利，其中關鍵不在於外在怎麼給予，一切全看我們內心怎麼要求自己，所以安東尼．羅賓在故事中點明：「人生會給予你想要的一切，如果你只要求一美元，那麼你就只能得到一塊美元，相同的，如果你想要充滿喜悅且成功的未來，那麼只要你向自己要求，很快地你便

能達到希望。」

其實，適當的慾望確實有助於提昇生活品質，我們不必一面倒地苛責慾望所產生的負面效用，我們可以給自己一些目標，要求高一些，那麼實現希望的機會自然能高一些，這是生活中很普遍的原則。

因爲，當我們對自我要求提高，對生活慾望多一些之後，改變生活的動力便會自然而然地增強，無論是活力、勇氣和企圖心，或是責任感與自信心，都能隨之提升。

只要是正面的慾望，我們都會因爲希望「再多一些」，而讓自己獲得前所未有的生命能量。

外表越華麗，內在越空虛

再華貴的外表也藏不住內在的空虛，與其追求浮華的外在包裝，不如好好地填補內在的空洞。

走在人生道路上，我們偶爾也會迷失，忘了怎麼呈現眞實的自己。特別是學會了化妝之後，我們只知努力地補妝，卻忽略了人們最後還是會發現我們卸妝後的原貌。

那麼，我們該怎麼辦呢？

最好的方法是臉上始終保持素淨，即使出現雀斑痘疤也無妨，因爲人們眞正要感受的是你臉上的喜怒哀樂，而不是在脂粉包裝後的虛情假意。

德國有一位很有才華的年輕詩人，創作了許多華麗詩篇，卻一直找不到欣賞自己的知音。

「爲什麼會這樣呢？爲什麼人們不懂得欣賞呢？」他不斷地質疑別人的鑑賞力，從未懷疑過自己的才能。

這天，他帶著詩集向一位從事鐘錶工作的長輩請益，當老鐘錶匠靜靜聆聽他的故事之後，什麼話也沒說，只領著他進到一間小屋裡。

裡面陳列著各式各樣的名貴鐘錶，都是詩人從來未見過的，只見老人家從櫃子裡拿出一個小盒子，一打開，裡面正躺著一只十分精美的金色懷錶。

「你要不要看看？」老鐘錶匠將懷錶遞給詩人。

詩人接過後仔細地拿在手上玩賞，發現這只懷錶不僅外貌美麗，而且十分精巧，上面居然還清楚地顯示出年份和日期，甚至連星象的運行和大海的潮汐期都顯示出來呢！

詩人忍不住讚嘆：「這眞是一只神奇的錶，它應該是獨一無二的吧！」詩人對這只錶愛不釋手，也忍不住問老人家錶價，沒想到老鐘錶匠卻說：「這麼喜歡嗎？那麼你手上的那只錶脫下來給我就好了，以物易物！」

詩人開心地脫下手中的普通手錶，立即將懷錶掛到身上，從此，無論是吃飯還是走路，就連洗澡睡覺也片刻不離這只錶。

但不久之後，詩人開始對這只錶產生煩膩，最後竟回到老鐘錶匠那兒要求換回自己的普通手錶。老鐘錶匠聽見詩人要換回自己手錶時，臉上故意表現出吃驚的模樣：「咦？這樣珍奇的錶你怎麼不要了呢？」

詩人搖了搖頭說：「因爲它沒有分針、秒針和時針啊，錶的最大功用是表現時間，雖然這只錶會告訴我潮汐時間和星象運行的情況，但是那有什麼用處？根本沒有人會問我這些訊息。我帶著它卻反而要詢問別人時間，多奇怪啊！所以，這只錶對我來說，根本一點用處也沒有！」

老人家靜靜聽完年輕人的不滿，接著便微笑地拿起詩人的詩集說：「孩子，那就讓我們好好地找尋更適合自己發展的方向吧！你要記住，你眞正想要帶給人

們的是什麼。」

這會兒詩人瞪大了雙眼，恍然大悟，終於知道自己的問題所在。當他把舊錶套回手上後，平靜地說：「我明白了，謝謝您！」

你明白了老人家的暗示嗎？其實，故事的意旨很簡單，正是「樸實無華」四個字。創意不需要譁衆取寵，做人更不能華而不實，因爲越華麗的東西往往越難親近，人們便會覺得它們不夠實際，所以寧願捨棄。

當老工匠看見詩人華美的詩篇，便知道年輕人已經忘了創作的初衷，更忘了將發自內心的眞切感受表現出來，如此缺乏生命共鳴的詩文，無論寫得多麼華麗，始終不得人心。

所以，老鐘錶匠提醒我們：「再華貴的外表也藏不住內在的空虛，與其追求浮華的外在包裝，不如好好地填補內在的空洞。無論你想怎麼呈現你的人生，最重要的是讓人們知道什麼才是真實的你自己。」

運用智慧，活用眼前的機會

大多數人不知道自己到底想要些什麼，即使立即滿足了需求，最後還是會因缺乏宏觀的視野，讓生活不斷地出現紕漏。

作家茨威格曾經如此寫道：「一個平庸之輩能抓住機緣使自己平步青雲，這是很困難的。因為，偉大的事業降臨到渺小人物的身上，僅僅是短暫的瞬間。誰錯過了這一瞬間，它絕不會再恩賜第二次。」

只有懂得運用自己智慧的人，才能抓住一閃即逝的機會。

未來會是什麼模樣，下一步能否走得平穩，並不是我們可以預料到的，然而只要我們知道好好把握當下，知道自己的機會在哪裡，無論下一步是否得顛簸，最終一定會到達我們心中夢想的花園。

有三個罪犯同時被判監禁三年，被押到獄所時，典獄長對他們說：「你們可以提出一個要求，我一定會讓你們達成心願。」

美國犯人連忙說：「眞的嗎？那我要三箱雪茄！」

「好，沒問題！」典獄長說。

「我可不可以請求一位美女相伴？」追求浪漫的法國犯人怯怯地問著。

只見典獄長笑著說：「可以，沒問題！」

「那你呢？」典獄長看著還在思索的猶太犯人說。

「請提供我一部電話。」猶太犯人認眞地回答。

典獄長果眞實現他們的要求，而且三年都未索回。

三年後，三個人同時出獄了，第一個衝出獄所的人是美國囚犯，但他衝出來的原因卻不是因爲重獲自由，而是：「快給我火！快幫我點火！」

原來，當初要求雪茄的他，居然忘了要打火機了，三年來他只能以咀嚼煙草來過乾癮。

接著走出來的是法國人，只見他手裡抱了一個孩子，美麗女子則牽著另一個孩子在身邊，遠遠看來，女子肚子裡似乎還懷著一個。

最後走出來的是猶太人，沒想到他一走出來，便立即問著：「請問典獄長在哪兒？我想當面謝謝他！」

「我在這裡！」典獄長出現後，親切地拍了拍他的肩。

這時，猶太人立刻用力地握住典獄長的手，感激地說：「謝謝您，若不是您讓我繼續與外界聯絡，我恐怕將一無所有了。如今，我的生意不但沒有歇業，業績反而增加了百分之百呢！爲了表示感謝，請您一定要收下我送的勞斯萊斯轎車。」

試想，相同的機會在你手中，你會怎麼把握，又會提出什麼樣的要求？

從美國人的身上，我們看見了大多數人及時行樂的生活態度，這類人多數缺乏遠見，不知道自己到底想要些什麼，所以，即使立即滿足了需求，最後還是會因缺乏宏觀的視野，讓生活不斷地出現紕漏。

至於法國人的情況和美國人一樣，他們都只專注眼前而忘了未來。從獄所裡走出來時雖然有了妻兒，但是眞正的現實生活才剛要開始，或許一走出監獄他便已經感受到了。

猶太人是最聰明的人，把典獄長難得給予的機會，用來享樂實在太浪費了，深思熟慮的猶太犯人知道機會難得，所以認眞地思考，更爲自己的未來做了全盤的規劃，因爲他知道人生不是只有這三年！

爲了三年後的發展，猶太人要了一部電話，並充分地利用這三年的時間延續事業版圖，結果也如我們在故事中所見，他的計劃確實成功了。

面對未來的方向，我們應該學習的不僅僅是如何創造機會，還要知道機會來的時候，要如何好好把握！

適當地安排你的工作與玩樂

執意享受物欲的人隨處可見，從他們的身上我們經常發現價值觀偏差的迷失，以及生活態度的誤謬。

我們必須懂得適量地安排工作與休息時間，讓兩者均衡，不要讓工作過量，也不要縱容自己玩過了頭。

生活中大多數的情況，是一旦超過了界限便要跌入深谷，特別是那些無法掌握自己慾望的人會跌得更深。

有一艘船在航行中遇到了暴風雨，不幸偏離了航向，一直到次日風平浪靜時，大家才發現船的位置不對。這時，他們發現前方有一座美麗島嶼，船長便決定靠岸休息。

從甲板上望去，島上繁花盛開，鳥兒們美妙歌聲不住地傳來，樹上還結實累累，如此美麗景緻深深地吸引了所有人的目光。

「現在，大家分成五組到岸上走走。」船長鼓勵大家。

但是，第一組旅客害怕錯過起航時間，所以他們雖然深深被小島吸引，卻仍然忍住慾望，堅持不登陸，寧願固守在船上。

至於第二組旅客則相反，討論完後，便急急忙忙登上小島，迅速地在島上繞了一圈，還嚐了些新鮮野果，最後帶著飽滿充實的心情回到船上。

第三組旅客也上岸遊玩，但由於時間沒有規劃好，在島上停留的時間太長了，以致於差點錯失了啓航的時間。

最後，他們慌張地往回飛奔，結果有人忙亂中被樹枝刮傷，有人則掉了身上的物品。

不過，第三組人馬最終還是趕上了船，不像第四組人一直認爲船長不會丟下他們逕自開船，直到船眞的要起航時，他們才趕回岸邊。最後，有許多人還是跳入水中游到船邊，才被救回船上的，其中有人還受了重傷，直到抵達目的地還未康復。

那第五組旅客呢？

關於第五組旅客的情況，知道的人不多，最後看見他們的人說：「我看見他們的時候，個個都醉倒在地上了，看來他們一定沒聽見啓航的汽笛聲，鐵定還在島上。」

沒錯，第五組旅客因爲太過散漫，醒來的時候，輪船早就不知道航向何方了，最後不幸命喪小島上。

旅客的命運像五種人生遭遇，在象徵享樂主義的小島上，因爲人們掌控慾望能力不同，所以有了不同的結果。

第一組人雖然無欲無求，換個角度看，其實是一群不懂得如何生活的保守主義者，相較於他們，第二組人不僅懂得玩，更懂得克制自己的玩興，其中拿捏的尺度，正是無法掌握玩樂與工作的人應該好好學習的。

第三組和第四組都有著相同的問題，因爲太過沉迷於慾望享受而忘了最終目的，他們雖然不像第五組人那樣無藥可救，卻也容易受到外物誘惑，隨時都有沉淪的危機。

第五組旅人的問題，相信聰明的你也看出了。

像這樣執意享受物慾，而不考慮明天會如何的人，日常生活中隨處可見，從他們的身上我們經常發現價值觀偏差的迷失，以及生活態度的誤謬。

享受生活的方法很多元，但是玩樂的目的只有一個，是爲了讓緊繃的生活喘口氣，更是爲了讓旅程的下一步走得更加自在、自信。

把生活的主控權握在手中

人生必須操控在自己手中，給自己多一點生存的勇氣，用積極的生活態度突破僵局，人生自然會朝著計劃中的方向前進。

你確定現在的你是最好的情況嗎？對於目前情況你又有幾分把握？眞正的人生是在不斷的變動中前進，再堅強的臂膀也不一定能永遠依靠，金融海嘯一來，誰都無法給你保障。所以，我們要把生活的主控權拿回來，不能再被「習慣」囿限。

若是太過依賴現狀，一旦有突發狀況，我們便很容易失去方向，像那些從天堂掉到地獄的華爾街金童一樣。

在公司表現不凡的吉米，在朋友們的眼中是個不可多得的領導人才，但是不管大家怎麼勸他自行創業，吉米總是說：「自己當老闆風險太高了，還是領人家的薪水比較安穩。」

對吉米來說，家中還有妻兒要照顧，當然不能冒險開公司，即使天時、地利、人和都齊備了，他還是沒有勇氣冒險。直到大環境出現了問題，突如其來的經濟蕭條才讓他發現：「原來生活處處都有風險，沒有任何工作會是永遠可靠的港灣，我要隨時準備好重新開始。」

於是，當大家在裁員危機中慌張不已時，吉米已經知道如何爲自己找到新的開始。當然，面對長期投入的市場，面對日益加劇的經濟不景氣，吉米心中難免會出現擔憂與慌亂。

但是，妻子經常對他說：「老公，別擔心，大家一直很肯定你的才能，我也相信你一定行的！」

「嗯，長期累積的人脈與工作經驗，正是我最好的依靠啊！我還在擔心什麼？我絕對不能再坐以待斃！」吉米鼓足了勇氣對妻子說。

於是，當大家還在猜測自己是否會被裁員時，吉米提出了辭呈，因爲他決定要自己當老闆了。

這位知名醫療設備的行銷員從二手醫療設備開始，不斷鼓勵自己：「假以時日，我必然會超越舊公司的成就！」

吉米找來了許多舊伙伴，從小型的服務機構開始著手推銷，雖然一開始未如預期的順利，但是勇氣與鬥志已被喚起的吉米卻一點也不擔心，因爲他不想再過那種每個月固定薪水進帳的日子，更不想下一次經濟蕭條時還得煩惱自己將成爲失業人口。

現在對吉米來說是再好不過的，擁有自己的公司之後，他反而更加安穩了，因爲他發現：「如今一切全操之在我！」

作家塞爾曾說：「除非經過你本人同意，否則沒有人可以替你決定你自己要過的人生。」

每個人的人生，都應該由自己決定，決定之後，後果也應該自行承擔。只要懂得命運掌握在自己手裡，很多事情就可以改變。

相信你曾看過小螞蟻搬家的經驗，我們曾經阻礙牠們前進的路，也曾移動牠們預備好搬回家的食物，還破壞牠們的巢穴，但不論我們製造多少意外，牠們還是會繼續完成既定的任務，從未放棄、退縮。

意外狀況發生時，無論是突破困局，還是另謀新人生的開始，我們都要像小螞蟻一般，給自己多一點生存的勇氣，用積極的生活態度突破僵局，人生自然會朝著計劃中的方向前進。

你的人生是否已經掌控在自己的手中？還是，你仍然擔心生活中不斷出現的各種突發狀況？

不論眼前是什麼情況，我們都要記住一個重點：「相信自己，因爲你的人生必須操控在自己手中！」

先退一小步，才能向前邁步

與其直接指出對方的不是，倒不如站在他的立場為他著想，你也就能順利達到目的了，想要前進一大步，不如先退一小步。

人與人之間，難免會有紛爭、意見不合的時候。不管對方有多麼無知、不講理，只要一動怒，場面就很難收拾，而且也不一定能解決問題。

每個人都有脾氣，每個人也可以大嗓門用氣勢壓過別人，但是這樣真的有用嗎？最後的結果，大概就是鬧得兩邊都不愉快。

有句話是這樣說的：「對待敵人最好的辦法，就是用仁慈來殺死他們。」

只有先後退一小步，才能前進一大步。

瓊斯先生是一家啤酒廠的經營者，某間公司的採購員克勞恩，欠了瓊斯先生一千美元的啤酒款，許久都沒還。

有一次，克勞恩來到啤酒銷售部，對瓊斯先生大發脾氣，抱怨他出售的啤酒品質愈來愈差，地方上罵聲一片，人們都不願再買他們的啤酒。最後，克勞恩竟說出自己欠的那一千美元錢也不打算付了，因爲出售的啤酒品質一直都不好，他任職的公司也表示不再購買啤酒。

瓊斯先生壓住滿腔怒火，仔細聽完克勞恩的嘮叨後，禮貌地向克勞恩賠不是，表示啤酒品質確實有不盡人意之處，最後說：「對你的意見，我會儘快向廠內反映。至於你欠的那一千美元啤酒錢就不用付了，只能怪我們的啤酒一直不爭氣！日後你們公司和你本人不再買我們的啤酒，是你們的自由。如果你願意，我可以爲你介紹另外兩家有名的啤酒廠……」

瓊斯先生這一番話，出乎克勞恩意料之外。欠帳還錢本是理所當然，克勞恩

的本意就是不想付自己欠下的一千美元，才以啤酒品質不好爲藉口，試圖堵住瓊斯先生的嘴。

然而，瓊斯先生並沒有正面反駁克勞恩，反而用巧妙的迂迴戰術，假裝虛心承認，並接受克勞恩的意見，待克勞恩發洩完後，即刻展開攻勢，用誠摯的話語，向對方表明啤酒廠的立場。

克勞恩最後被瓊斯先生的誠意和坦率征服了，不但繼續到啤酒廠爲公司購買啤酒，還向另外幾家公司推薦瓊斯先生啤酒廠的啤酒。

受到不合理的指責時，就算感到委屈，也別急著辯解或動怒。應該先釐清事情的狀況，了解對方這樣做的動機，再決定要用什麼樣的方法來處理。

瓊斯先生的做法，就是「以退爲進」、「以柔克剛」，利用說話的技巧喚起對方的良知，讓他自知理虧，甚至打從心底尊敬自己。

當一個拳頭舉起來時，我們不應該拿另一個拳頭與它碰撞，也不應該轉身逃

跑，而是想辦法化解對方的戾氣，讓他鬆開拳頭、放下手。

通常愈是蠻橫的人，愈無法和他「講道理」。與其直接指出對方的不是，倒不如站在他的立場爲他著想，讓他感受到你的善意而軟化態度，你也就能順利達到目的了，想要前進一大步，不如先退一小步。

就好像柔道之神三船久藏說的：「力量較小的一方，可以打倒力量較大的一方，這就是柔道的真義。」

用盡蠻力，不如花點腦力

凡事無須固執，也不要直線思考解決問題的方法，如何找出最好的招數反將對手一軍，這才是生活應當學習的課題。

你曾經玩過不倒翁嗎？當你猛力地打倒不倒翁之後，它是不是反而更加迅速地站了起來？

其實，不倒翁的原理正是成功之道。蠻力根本解決不了問題，面對著永不躺下的不倒翁，我們也明白了「力敵始終不如智取」。

有天，和珅向乾隆皇上了一份奏折：「劉墉私呑八旗公款，在山東修建了一座比御花園還要氣派的庭園，請皇上明察。」

乾隆皇一聽，皺著眉說道：「是嗎？擒賊要拿贓，你可有證據？」

其實，和珅所得到的只是空穴來風的傳聞，只好命人暗中監視，希望能早點抓到劉墉的把柄。

只是，證據還未拿到，和珅參奏一事便傳進劉墉耳裡。聽聞此事的劉墉憤憤不平地思索著：「這傢伙居然胡亂告御狀，好，我就送你一個『證據』。」

幾天之後，探子從劉墉家的後門發現了一隊騾子，背上馱著一包包大袋，一行人悄悄地往東直門前進。探子見狀立即回報，而和珅一聽，連忙下令：「眞是天助我也，你們快把他們押回來。」

第二天早朝，和珅將早已擬好的奏折呈上，皇上看後臉色登時大變：「劉墉，你居然這麼大膽，竟敢偷運大批官銀回山東建造庭園？」

劉墉看見皇上震怒，立即跪了下來，接著卻十分冷靜地說：「請皇上息怒，這隊騾子的確馱了二十萬兩白銀，但是那是我多年來存下的俸祿，其中還有幾位

大臣的捐款，是要送往山東賑災的，裡頭還有收據，如果皇上不相信，不妨當面清點。」

乾隆見劉墉說得合情合理，便答應了，於是和珅命人將幾十個袋子全呈上殿，接著便在乾隆的面前打開。

「這……皇上……」只見和珅與劉墉的臉上同時現出「大吃一驚」的模樣，因爲袋子裡倒出來的全是破碎的磚瓦，連個碎銀子的影兒都沒有。

劉墉立即焦急地對皇上說：「皇上，那二十萬兩白銀可是賑災的救命錢啊！如今被人換成了磚頭瓦塊，這該如何是好！和珅大人怎麼可以這樣做？求皇上做主，替微臣討回公道啊！」

原本相信和珅的乾隆皇帝，這會也下不了台，大聲斥喝著：「大膽和珅，竟敢指使家丁攔截賑款，這與盜匪無異，理應治罪。姑念你平日勤於政事，免予責罰，但是你們劫取的銀兩要立即交出，另外再罰款二十萬兩賑濟災民。」

若從人性角度裡來評斷這件民間流傳的軼事，多數人只會驚嘆於劉墉心機深沈；然而，若從解決危機的角度來評析，我們不得不承認大多數狡猾的人都是「聰明人」，深諳處世之道。

就像故事裡與和珅鬥智的劉墉，並沒有使用蠻力，更沒有任由和珅欺壓，無論面對怎樣狡詐的競爭對手，劉墉總是能充分展現出成功者的冷靜與機智。這都是經常失手的「老實人」所缺乏的處事機智。

從歷史故事中走出來，現實生活裡我們待人接物時應保有堅持與柔軟度，凡事無須固執，也不要直線思考解決問題的方法，冷靜地想一想如何找出最好的招數反將對手一軍，這才是生活應當學習的課題。

普拉斯曾說：「樂觀的人，在每一次憂患中，都能看到一個機會，而悲觀的人，則在每個機會中都看到某種憂患。」

如果你的想法積極，就算身處地獄，也會把它看成天堂，假若你擁有消極的想法，即使你身在天堂，也會認爲是在地獄。千萬要記住，一個人思考的角度，可以主宰面對事情的態度。

7

PART

實踐，就能達成志願

別再讓自己，純羨慕，別人成功實現夢想，
人類都已經準備在火星上尋找新的桃花源地了，
我們還有什麼夢想不能實現呢？

發揮潛能就能開創精采人生

不要隨便否定他人，也不要輕易地否定自己，只要不放棄，每個人都有機會發揮最大的潛能，開創最精采的人生。

最先提出「自卑感」一詞的奧地利心理學家阿德勒，在《超越自卑》一書中曾經指出：「我們在日常生活中所發生的一切衝突與糾紛，大都起因於那些讓人覺得討厭的聲音、語調，以及那些不良的談吐習慣。」

所謂不良的談吐習慣，就是以嘲諷、輕蔑或嚴峻的態度否定別人。

每一個人都是獨一無二的，每一個人都有他獨特的長才，許多還找不到人生方向的人，需要的是我們的鼓勵和肯定！

珍妮絲正準備把新的講義發給學生們，這時有個男同學不悅地說：「女士，別浪費妳的時間了，我們都是白癡！」

然後，他便揚長而去。第一天教學的珍妮絲聽到學生這麼說，所受的打擊很深，跌坐在椅子上，並懷疑自己是否適合當老師。

這時，一位同事說：「我以前也帶過這班，實在是很糟糕的一群！」

珍妮絲難過地看著同事：「我不知道該怎麼辦！」

這位同事回答說：「別擔心，我在暑期班曾教過他們，他們大部分都無法畢業，妳不必在那些孩子身上浪費時間。」

珍妮絲不解地問：「爲什麼這樣說？」

同事說：「這些孩子都是貧民區一些臨時工或小偷的孩子，他們高興來時才會來，根本不想唸書，妳只需要讓他們保持安靜就夠了，如果他們再惹麻煩，就把他們送到我這裡來。」

珍妮絲聽完，心中一陣難過，回家途中，那位男同學所說的「我們是白癡」，不斷出現她的腦海：「白癡？不是的，我一定可以幫助他們！」

第二天，珍妮絲一進教室便在黑板上，寫下「ECINAJ」幾個字。她笑著問：「這是我的名字，有誰可以告訴我，這是什麼意思？」

當孩子們嘲笑著這個怪裡怪氣的名字時，珍妮絲又轉身，在黑板上寫下「JAN-ICE」，這次學生們很正確地唸出了這個字。

「是的，你們說對了。」珍妮絲說。

「其實，我以前有學習上的障礙，醫生說那是『難語症』。我開始上學時，完全沒法子正確拼出我的名字，而我也被人們貼上『白癡』的標籤。」

有人問：「那妳爲什麼還能當老師？」

珍妮絲說：「因爲我恨人家這麼叫我，我並不笨，而且我很喜歡讀書。如果你喜歡『白癡』這個名稱，那麼請你換個班級，因爲在這間教室裡沒有白癡。因爲，我不會對這個班級的學生放鬆要求，我會和你們一起加油，直到每一位同學都趕上進度爲止。你們會畢業，也有人會考上大學。我不是在跟你們開玩笑，因

爲那是我的承諾。」

珍妮絲停了一下，又說：「從今天開始，我再也不要聽到『白癡』這兩個字。你們明白了嗎？」

從這天開始，這群被嘲笑爲白癡的孩子們進步神速。兩年後，這個被視爲「笨蛋」聚集的班級全都畢業了，其中有六位是準大學生。

還記得小時候的分班分段經驗，那些被歸類於後段班的學生，所承受到的壓力與異樣眼光，有多少人認眞地去關心、了解？

也許，有人很幸運地遇見了另一個「珍妮絲」，但是，更多的人就這麼被「放棄」了，不是嗎？

沒有人一生下來就是天才，即使在課業方面表現不突出，也沒有人應該被放棄，因爲繼承生命的每一個人，都有一定的使命與才能，不僅我們不能加以否定，還要勉勵他們不能放棄自己。

所以，珍妮絲才要說：「如果你喜歡『白癡』這個名稱，那麼請你換個班級，因爲在這間教室裡沒有白癡。」

不妨仔細想想，當我們發現學習能力較差的人時，過去都是用什麼樣的眼光看待他們的？

不要隨便否定他人，也不要輕易地否定自己，只要不放棄，每個人都有機會發揮最大的潛能，開創最精采的人生。

互相肯定更能增強信心

試著用相互鼓勵的方式重建信心吧！因為，不管自信心多麼的強，所有人還是會期待，來自於「你的肯定」！

不管是學生或是上班族，沒有人希望被鄙視，更沒有人會期待被責罰，因爲那些帶點情緒性的責罵，很容易讓人失去信心，失去原有的實力。

面對不如意的情勢，能夠克服自己心中的不滿和低落的情緒，不任意責怪別人，試著以鼓舞的方法解決難題的人，才是一個成熟的人。

海倫是一位六年級的導師，開學的第一天，一踏進教室，便看見三年前教過的一位學生。海倫看著他，笑著說：「馬克，又遇見你了。」

馬克也笑著說：「是的，老師，又要麻煩您糾正我了。」

海倫笑著點頭，這時她想起三年級時的馬克是個很淘氣的小男生，每當馬克犯錯，被老師處罰時，總是這麼說：「老師，謝謝您糾正我。」

如今，海倫看見馬克似乎成長許多，不再那麼調皮，上課也專心許多。

有一天，馬克對她說：「老師，這學期的數學比較難，我必須很專心地聆聽，才能聽得懂，當然還是要謝謝老師您的教導。」

海倫看著禮貌周到的馬克，忽然想起其他同學們，似乎也陷入數學概念的苦戰中，因爲這門困難的課程，似乎使他們挫折感越來越大，彼此之間甚至產生抗拒和對立的狀況。

於是，她想起馬克的互動方式：「他們可以互相鼓勵、突破問題。」

上課鐘聲響了，海倫一走進教室，便要求學生拿出一張紙：「你們在這張紙上寫下其他同學的好處與優點，寫完後就可以下課休息。」

半節課過去了，同學們陸陸續續地交稿，只見馬克走了過來，當他把紙張交給海倫時說：「老師，謝謝您的教導，祝您周末愉快！」

海倫利用周末時間，將每位學生的名字和來自其他同學們的肯定，分別重新抄寫在同一張紙上，並加入了她的評語。

星期一，海倫把寫著「優點」的紙張發給每位學生，不久，台下開始出現騷動的聲音，海倫抬頭看了看大家的表情，隨即放心地微笑，因為她看見了大家都露出「共同的微笑」！

「真的嗎？」

「我從來都不知道他們這麼看我耶！」

「居然有人會這麼欣賞我！」

這些討論的聲音很小，但是孩子們的臉上全是無法隱藏的自信光芒。

海倫心想：「相信從今天開始，他們再也不會被數學困擾。」

作家普勞圖斯曾說：「能征服自己的情緒，而不是被情緒征服的人，將被視為一個可靠的人。」

活在這個冷漠又紛擾的塵世，使我們感到苦惱，無法釋懷的，通常是人際互動之時衍生的陰霾，因爲我們越來越不會克制負面情緒，也越來越不會激勵別人和自己。

用同儕的力量互相鼓勵，這不僅是最有效的方法，也是最好的方法，所以海倫老師能輕易地重建學生們的信心，喚起孩子們的學習興趣。

反觀我們的教育方式，仍然習慣用「比較」與「責罰」來刺激孩子，希望能「逼」出一個天才，然而眞的逼出來了嗎？還是逼出另一個問題學生呢？

再給彼此一次機會，試著用相互鼓勵的方式重建信心吧！

因爲，不管自信心多麼的強，所有人還是會期待，來自於「你的肯定」！

實踐，就能達成志願

別再讓自己，純羨慕，別人成功實現夢想，人類都已經準備在火星上尋找新的桃花源地了，我們還有什麼夢想不能實現呢？

你還記得小時候寫下的第一志願嗎？如今，你是否實現了當初的夢想？

或許有人早已放棄，或許有人正在努力實現，然而不管有沒有實現，當你完成「夢想」的藍圖之後，必須清楚地知道一件事：「關於夢想，沒有人能逼我們放棄，也沒有人能阻礙我們實現的決心，因為，能不能實現和外在環境無關，全看我們自己！」

當你在規劃人生的藍圖時，不要在意別人脫口而出的批評，這些輕蔑和刻薄的話語，通常是毫無根據的。只要掌握自己的人生方向，明確定出自己的奮鬥目標，就沒有什麼難堪的話語會讓你將時間浪費在追悼過去上。

蒙提有座非常大的牧場，經常借給朋友們舉辦募款活動。

今天，牧場又有一場活動要舉辦了，這次主辦的友人力邀蒙提前來致詞，蒙提也開心地答應了。

當蒙提站到講台上時，清了清嗓子，接著說：「今天我讓傑克借用這個牧場是有原因的，這和一個小男孩有關。」

蒙提擔心自己會說得太久，便看了看主辦人傑克，只見傑克站起來說：「我們就來聽聽牧場主人的故事吧！」

一陣掌聲響起，大家熱情地等待聆聽蒙提的故事。

蒙提說：「那個男孩的父親是位馬術師，從小他便跟著父親東奔西跑，一會兒在馬廄餵養馬兒，一會兒在牧場訓練馬匹。由於過著四處奔波的生活，男孩的

求學過程並不是很順利。初中時，有位老師要全班同學寫一篇文章，題目是《我的志願》。」

蒙提停了下來，喝了口水，繼續說：「那天晚上，小男孩洋洋灑灑地寫了七張紙，仔細地描述著偉大的夢想，他想要建造一座屬於自己的牧馬場，他還認眞地畫了一張二百畝的農場設計圖，上面標示著馬廄、跑道……等等，最後，他還在這一片農場的中央，設計了一棟四千平方英尺的大宅院。他花了一整個晚上才完成這篇『作文』，第二天便開開心心地交給老師。然而，兩天之後，當他拿到作文時，看見第一頁被打了一個大『F』，旁邊還寫了一行字：『下課後來找老師。』當時，滿腦子相信夢想可以實現的小男孩，困惑地帶著作文本去找老師。」

蒙提看著一對對專注的眼神，忍不住停了一下，並製造一下氣氛。

蒙提問：「你們一定也很好奇吧？」

台下的聽衆很有默契地點了點頭，蒙提笑著說：「是啊，小男孩也不懂，所以他進辦公室便問老師：『這樣爲什麼會不及格？』老師回答：『你年紀這麼輕，就老是做白日夢，這怎麼行？你想一想，你家裡沒錢，又沒家庭背景，幾乎什麼好條件都沒有，怎麼可能蓋一座那麼大的農場？你知道那要花多少錢買地、買馬嗎？別好高騖遠啊，孩子！』老師接著說：『如果你肯重寫過，寫一個別太離譜的志向，我會重新再幫你打分數。』小男孩回家後，反覆地想了好久，最後忍不住向父親說出心中的疑問，他的父親只對他說：『孩子，這是一個非常重要的決定，你必須自己拿定主意。』於是，小男孩再三考慮之後，決定要原稿交回，而且一個字也不改，交稿時他說：『即使是零分，我也不會放棄自己的夢想！』」

說完，蒙提便拿出一份稿子，對聽眾們說：「這就是初中時那份的作文，至今我仍然好好地保存著，而各位現在就坐在稿子中的二百畝農場上，那個四千平方英呎面積的華宅裡。」

蒙提看了台下的人，微笑著說：「去年夏天，故事中的老師帶了三十位學生來我的農場露營，離開前他說：『蒙提，我實在有些慚愧，初中時我曾經潑過你冷水，還好你有這份毅力，堅持實現自己的夢想，否則我便成了抹煞夢想的殺手，從今天起，我會給孩子更寬廣的視野與更熱情的支持。』我相信，未來將有更多的夢想農場出現，你們說是不是呢？」

每個人的心中都會有幾個夢想，至於能不能完成，關鍵就在於自己願不願意下定決心實踐。

有些人遭遇挫折就自暴自棄，最後和自己的人生目標背道而馳，但是某些人卻把別人的諷刺、遭遇到的困難當成是老天贈送給自己的禮物，最後開創出嶄新的生命版圖。

看到蒙提實現夢想，你心中的夢想翅膀是否也蠢蠢欲動？

每個人的心中都有一座夢想花園，然而這片花園能否結出美麗的花朵和累累的果實，有沒有辦法從腦海中的虛擬幻境，變成眞實存在的場景，端看造夢者如何去追夢了。

想實現夢想的人，很少會被外在環境侷限，當然也不會被年齡囿限。因爲，對他們來說，人生不該有任何遺漏與遺憾，只要夢想的藍圖已經完成，他們就不會再等待，只要方向清楚了，心中的理想國度其實也已建設完成，一切只等著造

夢者邁出步伐，走向夢想的國度。

你的夢想呢？是否也因爲別人的一句「妄想」，而封鎖在抽屜裡？別再讓自己純羨慕別人成功實現夢想，人類都已經準備在火星上尋找新的桃花源地了，我們還有什麼夢想不能實現呢？

批評是最好的成長激素

因為有瑕疵，批評的聲音才會出現，找出缺點，一一修正，直到批評聲音減弱，你自然就會得到你想要的機會。

不要被自己的缺點蒙住了成長的眼睛，也不要用自以爲是的態度，堵住了別人批評的聲音。

批評是最好的成長激素，如果希望自己有所成長，那麼，就要試著用微笑面對，就要有超大的肚量來容納人們的批評。

二次世界大戰爆發前，羅納在維也納當一名律師，戰爭爆發後，他逃到了瑞典，為了維持生計，必須儘快在新地方找份工作。

自詡懂得六國語言的他，很希望能到進出口公司上班，但是事與願違，每間公司都回信告訴他：「戰亂時期，我們並不需要這方面的人才，不過我們會保留您的資料。」

有一天，四處碰壁的羅納又收到一家公司的回信，不過，信上卻毫不留情的這樣批評：「你根本不了解這方面的生意，而且我也不需要替我寫信的秘書，即使需要也不會請你，因為你的應徵信錯字連篇，瑞典文寫得那麼差，休想進入我的公司。」

羅納看完這封信時，被對方的批評氣得快瘋了，情緒高漲的他立即拿出紙筆，準備給對方一個還擊！

但是，就在他寫下第一個字時，卻猛然停了下來：「等等，或許他說的並沒有錯！雖然我修過瑞典文，可是這畢竟不是我最擅長的語言，也許眞的犯了很多錯誤也說不定！如果是這樣的話，那麼我得再努力學習才行，看來，這個人其實

幫了我一個大忙，雖然他說了這麼難聽的話，但是他確實提醒了我。那麼，我應該感謝他才對啊！」

於是，羅納重新整理情緒，提筆寫下他的感激：「謝謝您不嫌麻煩地寫信提點我，特別是您在根本不需要秘書的情況下，還願意撥空回覆我。非常抱歉，我沒有多了解貴公司的需求就貿然寫信給您，還忽略了信中的錯誤，我真的深感慚愧。不過，謝謝您的回覆與意見，我現在正準備再去學習瑞典文，好好地改正我的錯誤，再次感謝你的批評，讓我有機會修正錯誤。」

信寄出之後的第三天，羅納再次收到那位老闆的信，不過這次他卻請羅納到他的公司看看。

羅納去了，而且還得到一份工作。

當你被面試官拒絕時，會表現出什麼反應？是怒氣沖沖地抱怨對方根本不懂得用人，還是謙卑地反省自己到底有哪裡不足？

其實，找工作一點也不難，真正困難的地方是，我們連自己的缺點和能力在哪裡都不清楚，甚至曝露了缺點也不知道。

更糟糕的是，有人還不知道要修正、補強自己的不足，反而在屢屢被「退件」之後責怪別人不識人才。

別忘了，因爲有瑕疵，批評的聲音才會出現，當你又一次失敗的時候，別再抱怨老天爺沒有眷顧你，快學習羅納的自省態度，找出缺點，一一修正，直到批評聲音減弱，你自然就會得到你想要的機會。

微笑，是最好的生活技巧

你現在就可以敞開胸懷，對著身邊的人「笑一笑」，只要有好的開始，你就會越來越懂得如何微笑。

作家穆尼爾．納素夫曾說：「人的生活方式如果一味地延續一系列的舊習慣，那麼毫無疑問的，他會淪為生活的奴隸。」

人活著，不論何時都要活得比從前更美好更精采，更要懂得讓自己的心裡臉上和都充滿和煦的陽光。

每天一大早出門，你有沒有發現，馬路上迎面而來的那些面孔，幾乎沒有一張是「好氣色」的？

當你心煩地看著這一張張臭臉時，有沒有發現，反射在窗鏡上的你，也帶了一張灰色的臉？

史坦哈結婚十八年了，然而這十八年來，他總是一早起來便急急忙忙地上班，連他自己都發現，他似乎從未曾在踏出家門之前，給老婆一個微笑，更別提在那位門口護守了十八年的管理員。

於是，史坦哈經常這麼想：「我一定是這個城市裡最不快樂的人。」

有一天，史坦哈走在路上，又思考著這個老問題，卻不知怎地，不知不覺中走進了卡耐基的「微笑訓練班」。

正因爲這個「小迷糊」，讓他從這個訓練班中，找回了快樂的自己。最後一堂課結束之後，他決定把課程中學到的生活技巧，應用在現實生活中，於是第二天開始，大家看見了很不一樣的史坦哈！

早上一起來，史坦哈先是神情愉快地給老婆一個熱情擁抱，嚇得老婆緊張地

直問：「你怎麼了？」

接著，他來到了門口，很大聲地向管理員說：「早安！」由於太大聲了，還讓管理員嚇了一跳。

然後，他來到了火車站，對著售票小姐微笑說早安，與此同時，史坦哈也獲得了一個親切的微笑，這也是他十多年來，第一次見到售票小姐微笑。

幾天下來，史坦哈發現，大家給他的微笑越來越多，而且經常是他還未主動打招呼前，別人就已親切打招呼。

現在的他，每天都帶著愉快的心情出門，面對滿肚子牢騷的人，他不再跟著埋怨，而是靜靜地聆聽他們的牢騷，並用微笑回應一切。神奇的是，問題似乎也在這些「微笑」中，變得越來越容易解決了。

史坦哈還發現，當態度與心境改變之後，自己的工作也越來越順利了。

這天，他的年輕拍檔忍不住對他說：「我很爲你的改變開心，之前我每天的心情總是被悶悶不樂的你影響。現在，每天看見你微笑，讓我也跟著開心，對了，你微笑時讓人有一種舒服而慈祥的感覺！」

史坦哈笑著說：「謝謝你的肯定，過去實在很對不起。」

拍檔微笑著說：「都過去了，不再重要了。」

史坦哈改變了他的批評習慣，改用欣賞與讚美的方式與人互動，生活也更見陽光笑容。他說：「凡事都要試著從別人的角度去觀看，因爲，我們沒有資格蔑視任何人。」

史坦哈最後總是習慣這麼下結語：「擁有眞正的友誼與幸福感的人，才是眞正富有的人，而這也才是我的理想人生。」

當史坦哈發現，能夠「用微笑生活」才是他的理想人生時，你是否也準備重新估量自己的生活價值？

在找出答案前，不妨到鏡子前面，看看自己的臉，是「微笑」紋多，還是「皺眉」紋多。因爲，眞正的笑容是假不了的，即使你硬逼著自己微笑，臉部的神經也會僵硬地告訴你，這是一個「笑不由衷」的臉！

如果你也很想用真感情微笑，就別想那麼多了，我們都是大自然的神奇產物，天生就有自己的情感，只是長久以來，被過多不值得煩憂的小事困住，忘了怎麼開懷大笑而已。

試著用微笑代替煩惱，你現在就可以敞開胸懷，對著身邊的人「笑一笑」，只要有好的開始，你就會越來越懂得如何微笑。

還有，慢慢地你還會發現，街上的「微笑」也越來越多了，如果你感到好奇，不妨上前問一問，相信他們的答案都是：「我們這個真情、甜美的笑容，都是因你對著我們微笑！」

不要用猜忌來保護自己

快樂的日子並不在於別人能給你什麼，而是你用什麼樣的態度去看待你的生活，又用什麼樣的角度發現你的美麗人生。

有人說，懷疑、猜忌是爲了保護自己，因而每天綳緊了神經，擔心對方接下來的舉動，或猜測對手的攻擊計謀。

如果用這種態度生活，日子當然過得鬱卒，因爲，到頭來眞正受困於「生命牢籠」的人，只有我們自己。

奧地利心理學家阿德勒曾經寫道：「真正能夠應付且主宰生活問題的人，只有那些在奮鬥過程中，也能表現出利人傾向的人。他們超越前進的方式，使別人

也能受益。」

想要快樂生活，最重要的準則是：千萬不要一味用哀怨的心情看待那些傷心難過的事情。想要擁有和樂融融的人際關係，準則也相同：千萬不要讓自己活在懷疑與猜忌之中。

托尼是美國某製造公司的人事主管，雖然他待人處事都很得體，也充分表現出他的樂觀與自信，但事實上，在他的內心深處，卻經常出現一種不安的感覺。

在某次聚會裡，托尼對一位好朋友吐露說：「我總覺得自己似乎失去了什麼，工作時，我和同事的互動其實並沒有你們想像中那麼好。因爲，我總是不相信別人，即使和妻子在一起，我也經常會出現莫名的提防。如果，有人詢問我的私事，我更是閃爍其詞，唉！其實身爲一個人事主管，我很需要同事的支持和信任，但我發現，大多數同事都很提防我，甚至是躲避我，也許他們這也算是『回應』我平時對他們不信任且提防的態度吧！」

朋友笑著安慰道：「既然你那麼清楚自己是因爲不善於控制情緒，而讓同事們對你敬而遠之。那麼，爲何不改一改呢？」

托尼無奈地問：「但要怎麼改呢？」

見到托尼的情況與自己類似，另一位參加聚會的友人安娜忍不住訴苦說：「我也經常控制不了自己的情緒，常常脾氣一發不可收拾，儘管我試著改變自己，讓自己變得親切、愉快一點，只是不管怎麼克制，到最後我還是忍不住爆發出來。這種行爲，讓我的人際關係變得相當惡劣，即使在家中也是一樣。單親媽媽的身份，讓我無法妥善地安排時間給孩子。在同時失去孩子與同事們的信賴下，我眞的很失落，好想放棄一切，但是若我眞的放棄了，孩子怎麼辦？我有沒有機會再站起來？」

朋友看著他們，嘆了口氣說：「你們爲什麼不能多信任別人，信任你的工作伙伴呢？你們的事業都非常成功，資歷也相當良好，凡事不妨換個角度想吧！尊重你的同事，也尊重你自己，別給自己那麼多壓力，如果你連自己的情緒都控制不好，又怎能快樂地生活呢？」

很多人糾著心，不管看見什麼人或遇見什麼事，都沒有一個順眼順心的，甚至面對這樣不愉快的生活，還不斷地責怪外面世界的醜惡。

然而，我們不妨仔細想想，一切眞有那麼醜惡嗎？非得用懷疑、猜忌的態度來防禦別人嗎？

有人說：「傷心時，即使吃蜜糖也會變得苦澀！」

相同的，一味用煩躁和狐疑的情緒看世界的人，就算窗外是藍天白雲，也要被他看成烏雲罩頂了。

好好地整理整理你的情緒，吐一口氣，用微笑面對你的生活與人生。因為，快樂的日子並不在於別人能給你什麼，而是你用什麼樣的態度看待你的生活，又用什麼樣的角度發現屬於自己的美麗人生。

只要用心就一定能換得真心

別再用你的偏見，孤立自己的生活圈了。希望贏得別人的認同，想要與人建立良好的關係，那麼我們就要比別人更加主動。

人生的一切變化，都是相對的，也都是心靈作用的結果，只要願意用心，就能換得別人的眞心。

因此，不要再用大人的眼睛看孩子們的世界，孩子們有他們自己的遊戲規則，其實這些規則也曾經屬於我們，只是被我們遺忘了。

或許，成人比孩子們看得更加長遠、更加清楚，但大人們的世界也需要孩子們「簡單的雙眼」、「單純的心」，以及相信「我對你好，你也一定會對我好」

的眞心！

有一天，小查德對媽媽說：「媽咪，耶誕節我們要交換卡片，但是我想爲每一位同學親手做一張耶誕卡片。」

母親看著兒子，支持地點了點頭，然而在她心中卻想著：「難得孩子這麼用心，但是同學們似乎不太喜歡他。」

原來，查德的媽媽接送他上下學時早已發現，小查德似乎和其他孩子們沒有什麼融洽的互動，當其他同學三五成群地聚在一起玩耍說笑時，小查德的身邊卻連一個玩伴也沒有。

雖然，她心中預測兒子不會成功，但是她仍然支持兒子的這項計劃。母子倆便從購買卡紙、膠水和彩色筆等工具開始，花了將近三個星期的時間，小查德精心製作的三十五張賀卡終於完成了。

耶誕節的早晨，小查德興奮地把賀卡排列整齊，小心翼翼放進書包中，開開心心地上學去了。

至於媽媽，今天也決定要爲兒子烤一些他最愛吃的小餅乾，讓他放學後能吃到熱烘烘的小餅乾與熱牛奶，因爲這些將減輕孩子的「失望」情緒。

當孩子們放學的聲音熱鬧起來時，她朝著窗外望去，看見孩子們正熱烈的迎接節日，而小查德，依然跟在大家的身後，不過今天的步伐似乎比平時快了些。當她注意到孩子的手上什麼也沒有時，禁不住濕了眼眶。

小查德跑了進來，她立即抑制住淚水，溫柔地說：「你看，媽媽爲你準備了小甜餅和牛奶喔！」

但是，小查德似乎沒聽到她的話，反而直撲她的懷裡，嚷著：「一張都沒有，一張都沒有。」

媽媽以爲小查德在抗議，正準備安慰他時，查德又嚷著：「媽媽，我的卡片被同學們拿光了，好開心喔！」

對某些人而言，活在這個不得不和別人互動的社會，最困擾自己的，莫過於如何和別人交往。

要是抱持著負面想法，一味鑽牛角尖，自然每天都活得苦不堪言；如果能夠放開胸懷，用更友善、更包容的態度看待週遭的人事物，每一刻便能過得坦然自在。

改善自己的人際關係，其實沒有那麼困難，只要多用點心，就能換得別人的眞心。

從小查德的身上，你是否也學會了簡單的眞心？

如果查德媽媽當時沒有支持兒子的計劃，選擇了否定兒子，那麼，我們可以想見，小查德的人生必定只有孤單和孤立。

所以，別再用大人的偏見，去猜測或阻止孩子們的付出，也別再用你的偏見，孤立自己的生活圈了。

希望贏得別人的認同，想要與人建立良好的關係，那麼我們就要比別人更加主動，就像小查德的世界一樣，沒有疏離與偏見，因爲在童眞的世界中，只要有表現，只要小手牽上小手，情誼自然就能展開。

站在對方的立場想一想

如果我們太習慣站在自己的角度看對方，很容易就會忽略對方的需求和感受，導致衝突不斷地發生。

心理學家威廉·詹姆斯曾奉勸我們：「想建立良好的人際關係，要先多了解每一個人的主觀信條和所處環境，並尊重他的人格，溝通彼此的思想。」

換個立場，從對方的角度看他所處的環境，不僅能找出解決的辦法，還能預防下一個誤會與代溝的發生。

麗特看著十三歲的女兒瑪芮塔，正在門口用泥土和石頭猛擦新買的牛仔褲腳，頓時吃驚地大聲說道：「天呀！這是新買的牛仔褲啊！妳發什麼神經？爲什麼要這樣糟蹋它？」

說完，麗特還跑到女兒面前努力阻止她的動作，然後搬出「媽媽幼年的故事」，對她說教了一番。完全不知道，一件寬鬆T恤和磨得破破爛爛的牛仔褲正是時下年輕人的流行穿著。

想到小時候窮得沒錢買衣服的困境，麗特對瑪芮塔說：「以前媽咪再窮，也不會穿得這麼邋遢啊！」

但不管麗特怎麼勸，瑪芮塔就是不爲所動，繼續使勁地磨擦著褲子。

麗特很生氣地問她，爲什麼非得把新牛仔褲弄破？瑪芮塔一副理所當然的口氣回答：「我就是不想穿新的！」

麗特大聲地問：「這是什麼理由？」

瑪芮塔也生氣地回答：「不想就是不想，我一定要弄破才穿出門！」

麗特實在無法理解女兒的堅持，特別是褲管上的線越拉越長，褲子上的破洞

也越來越大時，麗特忍不住對友人抱怨：「爲什麼她要穿成這樣呢？」

朋友說：「妳不妨到她的學校看看！看看其他女孩們是怎麼穿的？」

這天，麗特眞的來到學校接女兒，並觀察其他女孩們的穿著，結果她發現，其他女孩穿得比瑪芮塔還要「破舊」。

麗特邊開車邊想這件事，接著對瑪芮塔說：「我想，或許對於妳的穿著，我是眞的反應過度了些。」

女兒說：「是過度了。」

這時，麗特又對女兒說：「從今天開始，不管妳在學校或是和朋友出去玩，想穿什麼我都尊重妳的意見，不再過問了。」

女兒驚喜地說：「眞的嗎？太好了！」

「不過！」麗特忽然又說：「如果妳和我一起逛街、拜訪親友時，希望妳也尊重媽咪，乖乖地穿上像樣的衣服好嗎？」

瑪芮塔沒回應，似乎有些猶豫。

麗特繼續分析著：「妳不妨仔細想一想，其實妳只是退讓百分之一，而我卻

退了百分之九十九，難道這樣不好嗎？」

瑪芮塔一聽，眼睛爲之一亮，然後立即伸出小拇指，跟媽媽勾勾手指說：「就這麼說定了！」

從此之後，麗特每天早上都快快樂樂地送女兒出門，對她的衣服也不再囉嗦半句，而女兒和麗特一起出去時，也會讓母親很滿意。因爲這個小小的溝通，不僅讓母女倆皆大歡喜，也讓母女的關係更進一步。

親子專家常常勸告父母說：「不要用你的高度看孩子，有時候你也要蹲下來，看看孩子們的小世界！」

其實，不管是面對小朋友，還是你身邊的朋友、同事、主管，很多時候我們都必須換個角度，爲對方想一想。

因爲，每個人的立場不同，成長的背景也不相同，所以解決的方式和技巧也各有所異，如果我們太習慣站在自己的角度看對方，很容易就會忽略對方的需求

和感受，導致衝突不斷地發生。

換個位置看一看不同的視野吧！就像麗特與瑪芮塔一樣，稍微調整一下想法，互相交換觀察角度，不僅能輕鬆解決難解的親子代溝，還讓彼此看見了生活中的多元景觀。

8

PART

活得積極，人生就精采可期

命運從不捉弄人，

那些挫折與困苦其實是必然的磨練，

只要一步接著一步地用心走過，

成功的奇蹟一定會降臨在我們的身上。

隨著變化調整自己的步伐

生活越是一成不變，我們越容易迷失方向。固定的姿勢擺久了也會現出疲態，在越以為安穩的現狀中，我們越有可能遇上危機。

在彎彎曲曲的路途上，我們要不斷地修正自己的腳步，偶爾更要停下來仔細觀察目標方向是否出現變化。

其實，人生就像一首樂曲，有高音也有低音，有激昂也有平緩。忽快忽慢的旋律、忽強忽弱的樂音，變化越多的曲子往往越能讓人回味不已。我們的人生也正應該如此，不要遇到難關就沮喪悲觀，也不要被慣性和惰性牽著走，而要隨著環境變化調整自己的步伐。

加州大學曾經做過一個實驗，測試跳蚤跳起的高度。

當跳蚤跳起時，高度可達自己身長的四百倍左右，所以研究員常笑說：「跳蚤是萬物中的跳高王。」

不過，這一次，他們並不是想測試跳蚤到底還能跳得多高，而是想找出跳蚤面對環境變化的應變情況。

實驗是這樣的，研究員先將一隻小跳蚤放進一個玻璃杯裡，然後仔細觀察跳蚤的跳躍情況。結果發現，跳蚤能夠很輕易地跳出杯口，一連換了好幾種玻璃杯，情況都一樣。

研究員再把這隻跳蚤放回杯子裡，接著在杯口上加了一只玻璃蓋。這一次，跳蚤一跳躍，登時重重地撞到了玻璃蓋。

被撞回杯底的跳蚤居然沒有停下來，還是不斷地跳著，也不斷地撞上玻璃蓋，更不斷地跌回杯底。

撞了許許多多次後，跳蚤終於冷靜了下來，不再用力跳躍，開始根據蓋子的高度，重新調整自己可以跳的高度。

跳了一段時間之後，研究員們發現，這隻跳蚤不再撞擊蓋子了，而是只在蓋子底下自由跳動。

又過了一段時間之後，研究員把蓋子拿掉，不過，跳蚤似乎不知道阻礙跳躍的蓋子已經去除了，還是照著修正後的高度繼續跳著。

三天以後，這隻跳蚤還在杯子裡跳躍，甚至過了一星期之後，研究員回到實驗室，發現這隻可憐的跳蚤還在玻璃杯裡不停地跳著。

牠似乎已經無法跳出這個玻璃杯了。

從這個跳蚤的實驗裡，你是否也驚訝地發覺，原來現實生活中的人們，竟然也犯了相似的錯誤。

萬物都一樣，熟悉一個環境之後便再也不想改變，即使目標有誤，一旦習慣

了生活模式或前進步調，大多數人便再也不想試著突破。

現在的你是否也如此，不管目標是否有偏差，不管節奏是否混亂，仍然堅持原本的步伐？因爲太習慣現狀，所以怎麼也不願再改變呢？

其實，生活越是一成不變，我們越容易迷失方向。固定的姿勢擺久了也會現出疲態，在越以爲安穩的現狀中，我們越有可能遇上危機。

從這個實驗中，我們學習到一件事：「生活隨時會有變化，我們要時刻保持警覺，隨時調整腳步，才能正確無誤地抵達希望的目標。」

人千萬不能淪爲被命運支配的傀儡，即使生活到了難以忍受的地步，只要充滿信心與希望，凡事樂觀以對，終究會開創屬於自己的輝煌時光……

活用危機，自然能逢凶化吉

每個人難免都會犯錯，但是怎麼活用危機中的關鍵契機，讓這個錯誤造就出好的結果，那便得靠我們的聰明才智了。

沒有人不會犯錯，也沒有人不被自己所犯的錯誤拖累。

不過，習慣面對錯誤並不代表一味放任、敷衍，面對人生中的錯誤，我們不僅要積極地修正，更要從原有軌跡中找出可以運用的軌道，讓它成爲引導我們通往正軌的路徑。

葛理萊是《紐約時報》的主筆，但是如此重要的人物卻有一個很不好的缺點，那就是他的字跡非常潦草。

每次他的稿件送達時，都會造成許多人的困擾，因為他的字跡實在沒幾個人能夠辨認，甚至經過一段時間之後，連葛理萊自己都認不出來呢！

這天，葛理萊剛完成一篇社論，字跡當然潦草到無話可說，排字工人幾乎無法辨認得出。

面對這個大麻煩，排字工人也不知道該怎麼辦，因為葛理萊交稿的時間實在太晚了，正巧是趕在報紙快開印的時候才送達，排字工人完全沒有時間再仔細校對了。

最後，他只得大膽地憑著猜測，一字一字地排印出來。

只是，第二天報紙一出來，他這樣不夠確實的校正動作，果然鬧了一個大笑話，也使得葛理萊的名譽因此大受影響。

葛理萊知道後大發雷霆，馬上要求報社解僱那名排字工人，因為實在太生氣了，他還特地寫了一張字條痛罵那個工人一頓，上面寫著：「你這蠢東西！笨傢伙！傻蛋！」

但是，一個人的寫字習慣實在很難改，即使只有幾行的小字條，上面的字跡一如往昔般潦草，以致於排字工人居然看不出那是一張罵人的字條。

工人小心翼翼地把條子收在身邊，兩天之後，他又找到了另一家報館的排字工作，而且是在令人意想不到的情況下被錄用。

那家報社老闆問他：「你有什麼人的推薦信嗎？」

工人想了想，忽然想到了葛理萊寫的那張字條，於是慢慢地從口袋裡拿出字條說：「當然有，這是葛理萊的介紹信。」

老闆接過條子，仔細地看了又看，完全辨識不出上面到底在寫些什麼，唯一看得出來的只有「葛理萊」這三個字。

最後，老闆聳了聳肩說：「既然有葛理萊的保證，那麼請你明天來上班吧！」

這是一個十分有趣的「失誤」，從葛理萊字跡潦草的失誤，到排字工人無法

辨識的失誤，最終又因爲新老闆沒有確認的失誤，反而讓被解僱的排字工人找到了另一個轉機。

換個角度來看，其實排字工人的機會並不僥倖，因爲他很清楚知道機會在哪裡，並且巧妙地加以運用。

如果，這張字紙條拿到你中，你又會怎麼看待呢？有危機就一定會有轉機，這兩個機遇的交會其實不難，對排字工人來說，他的交接點就在那個「潦草的字跡」上，面對已經發生的問題，他沒有多埋怨，只將字條保存，並等待機會好好利用它。

每個人難免都會犯錯，但是怎麼讓這個錯誤造就出好的結果，那便得靠我們的聰明才智了。生活中的麻煩事其實一點也不難，只要懂得好好利用危機中關鍵的契機，我們自然能逢凶化吉，化險爲夷。

把握學習機會，才能充實智慧

人類最重要的資產並不是金錢財富，而是充滿智慧的思考能力。
何不從現在開始，積極地充實自己的智慧！

一個缺乏思考能力的人無法看見自己的目標，一個缺乏智慧的人，即使找到了目標也無法到達。

思考能力和智慧都得經由後天的學習，才能漸趨成熟。只有那些不放棄任何機會充分學習的人，才會懷抱著遠大的理想，並且在充實智慧的引導下，輕鬆達到夢想的目標。

從小就喜愛學習的俄國革命家列寧，五歲起母親便教導他讀書識字，上小學前已經能背誦許多詩歌，且對歷史故事非常熟悉。

上小學後，列寧更是用功，由於從小就培養了很好的學習習慣，因此，在大多數同齡小孩只想著玩耍時，列寧卻一點也不受影響，只要一坐到桌椅上便能立即專心讀書。

其實，列寧也很愛玩，只是他懂得在讀書與玩樂之間取得平衡，更懂得如何玩得盡興也同時認真學習。

列寧在課堂上總是聚精會神，每一份作業都十分認真仔細。有一次，墨水不小心滴到作業簿上，他毫不猶豫地撕下每一張出現墨漬的頁面，再重新抄寫。這是列寧小時候的學習情況，也是他未來成功的寫照。

九歲那年，列寧進入中學，在班上年紀最小，卻是全校成績最好的焦點人物，畢業時還拿下了全校最優秀畢業生獎章。

原先求學路十分順暢的他，卻在進入大學時生涯起了變化。由於他參與革命活動而被學校開除，這段時間，儘管受到沙皇政府的迫害與刁難，列寧還是緊抓

住機會，努力地學習。

他認眞閱讀了馬克思和恩格斯所有的著作，還鑽研了其他學者的歷史、經濟、法律等作品，更積極地以一年的時間修完了大學四年的課程。因爲他知道，如果不好好把握現在，明天或許就再也沒有機會了。

後來，他以校外生的資格參加聖彼得堡大學法律系的畢業考試，誰也沒想到，這個被開除的大學生，卻以優異的成績通過了所有的科目測試，順利取得了畢業證書。

圖書館是列寧學習的好地方。善於利用圖書館的他，連被關進聖彼得堡監獄，也能利用監獄裡的圖書館，好好地充實自己。

人們經常看見他從圖書館借來一大堆書。有位獄友曾經回憶：「每當有人拖著一大筐書走過長廊時，我就知道那一定是列寧。」

有一次，列寧的姐姐前去探監，高興地對他說：「你們的案子快結束了，你很快就能出來了。」

沒想到，列寧聽到這個消息，居然回答說：「眞是可惜，我需要的資料還沒

全部收齊呢！」

也許，對列寧來說，最後能否成功並不重要，但是若錯失了任何學習的機會，或是浪費了一刻學習的時間，一定會懊惱萬分！

反觀，到處都是學習機會的我們，是否也積極把握每一次成長機會呢？人類最重要的資產並不是金錢財富，而是充滿智慧的思考能力。列寧的母親很清楚這一點，所以從小教他讀書識字；列寧更加明瞭累積智慧的重要，所以不間斷地努力學習。

積極學習確實是生活中最重要的事。有位大企業家常和朋友分享他的閱讀經驗：「每個星期，我都會參與一場員工們的讀書會，因爲這是提升員工資質最重要的方法，員工們的智慧才是公司最大的資產。」

既然明瞭學習的重要，何不從現在開始，積極地充實自己的智慧？

活得積極，人生就精采可期

命運從不捉弄人，那些挫折與困苦其實是必然的磨練，只要一步接著一步地用心走過，成功的奇蹟一定會降臨在我們的身上。

今天走過便成昨日，明天來時又是全新的一天。

人生不可能沒有失敗挫折，相對的，人生也沒有過不去的難關；每個人都會遭遇困住自己的障礙，應該試著用樂觀的心態闖過這些關卡。

生活再怎麼艱苦，始終都會過去，走過了一個個辛苦阻礙之後，我們的目標就會越來越清晰，只要生活得積極，人生將精采可期。

印尼的「木材大王」黃雙安是個相當努力的人，目標專一的他總是這麼告訴自己：「專注在目標上，你就一定能獲得成功！」

黃雙安是個生長在窮困家庭裡的孩子，從小便得面對困苦環境，別的孩子還在快樂求學時，他已經開始打工了。

十六歲那年，他跟著家人搬離家鄉，到印尼開始另一個陌生的人生旅途。

黃雙安從來沒有料到自己會有一天來到印尼，不過新人生開始時，他確切知道：「人生再苦也不過如此。」

憑著勇氣和膽識，黃雙安在異地展開了新生活。從苦力工人開始，靠著汗水與努力，終於經營了一個小攤子，只是一切並不順利，小生意經營失敗之後，他一連換了十幾份工作，屢屢遭遇挫折。

親友們見了這種慘狀，都忍不住搖頭嘆息：「你的命運注定如此，幸運之神大概早就遺棄你了。」

聽見親友們這麼說，黃雙安並不洩氣，反而認爲：「這不是命運在捉弄我，而是成功之神故意給我的磨練。」

嘗試過幾十種工作之後，黃雙安終於體悟到自己要做什麼，最後選擇了木材業，並決定以此做爲創業的目標。

決定之後，黃雙安便積極地展開行動，因爲印尼的林業資源非常豐富，最重要的是尙未有人認眞開發，如今發現了商機，也看見了未來展望，所以，他必須早別人一步坐穩領先地位。

從此，黃雙安只專注於木材業，經過多年的踏實經營，黃雙安集團已是印尼林業的第二把交椅，擁有伐木專區約四百萬公頃。此外，他還投資發展漁業與魚產加工業，無論哪一項都經營得十分成功。

回想過去種種艱苦，黃雙安還是一樣笑著說：「人生再苦也不過如此！」

只要能堅強走過，人生再苦也不過如此。

對黃雙安來說，從小吃盡苦頭的日子一點也不難熬，畢竟日子總會走過，只要活得快樂充實就有價值。

正因爲這樣的樂觀態度，讓黃雙安能夠帶著微笑走過艱難，也因爲有著這麼積極的想法，他懂得培養堅強實力，爲自己創造機會，而這些也正是他成功的經驗和秘訣。

人生到底會遇到多少艱辛，我們無須太過擔心，因爲我們應當把心思放在解決問題上，多加關注如何突破艱困。

命運從不捉弄人，那些挫折與困苦其實是必然的磨練，就像運動員爲了創造紀錄必須時時訓練，只要我們認眞領受，一步接著一步地用心走過，成功的奇蹟一定會降臨在我們的身上。

勇於面對，才能解開心結

生活中沒有解決不了的問題，人與人之間也沒有必須的敵意與敵對，特別是面對自己身邊的人。

作家約翰·凱勒斯告訴我們：「人與人的互相援助精神，把多數人的心靈結合在一起。由於這種可貴的聯繫，我們的生活才會不斷向前躍進。」

互助精神會使我們和別人在思想上，或是在感情上進行正面交流，並且在彼此需要的時候相互伸出援手。

人與人之間哪來的那麼多仇恨？

沒有相識一場，又怎麼會與人結怨？既然人與人都是從「相識相知」開始的，

就算後來情誼無法再回到最初相識之時，只要你願意，彼此之間至少也能來個「好聚好散」。

迪克森的祖母在年輕時曾有個宿敵，她是威爾斯太太。兩個女人之間的敵對是怎麼開始的，大家都已經忘了，不過小迪克森卻清楚記得，小時候經常目睹的「戰鬥」過程。

像是威爾斯太太幫助侄女當選圖書館管理員，導致迪克森的姑姑落選後，迪克森的祖母便停止借閱圖書館的圖書。

還有一次，迪克森和幾個朋友們把一隻蛇放進威爾斯家的水桶中，祖母看見時只是象徵性地反對一下，卻不阻止孩子們的行動，任由他們惡作劇，甚至在她的臉上還出現了高興的神情。

迪克森這麼做，威爾斯太太的孫子們當然也如法炮製，他們就曾經在天氣晴朗的時候，趁迪克森家晾完衣服後，把全部床單和衣物弄髒，讓迪克森的媽媽重

新洗過。

迪克森不禁回想：「當時，我經常想，面對威爾斯家這些騷擾和敵意，祖母怎樣忍受得住？」

後來他才知道，祖母在《波士頓報》上的一個家庭版，結識了一位化名爲海歐的筆友，她倆保持了二十五年的通信聯繫，迪克森的祖母把這位筆友視爲親姐妹一樣，不管心中有什麼話，都告訴了海歐，而海歐也會回信安慰她，並教導她如何把心放開。

迪克森十六歲那年，威爾斯太太不幸病逝，依當地風俗，住在同一個小鎮上的居民，不管對這位隔壁鄰居有多憎惡，面對死亡，大家還是會自發地幫助死者家屬，這其中當然也包括迪克森的祖母。

這天，祖母穿了一件乾淨的圍裙出現在威爾斯家，表明她想要幫忙的誠意，於是威爾斯家的女兒便請她幫忙打掃前廳，以備葬禮時使用。

就在此時，迪克森太太發現桌子上有一本剪貼簿，而在剪貼簿裡，她看見了她寫給「海歐」的信和「海歐」準備寫給她的回信。忽然間，迪克森的祖母放聲

大哭，她這時才知道，生活中的死對頭居然是她最重要的心靈之友！

那是迪克森唯一一次看到祖母放聲大哭，後來他才明白奶奶的「哭泣」：「她哭泣是因爲，友好的時光再也補不回來了。」

我們經常笑說夫妻關係是「冤家聚首」，總是要吵鬧過後才能讓感情更進一步，一般情誼又未嘗不是如此？

事實上，我們也時常見到兄弟姐妹之間，或親朋好友之間，大吵一架之後，終於誤會冰釋，感情也比從前更好。

是冤家還是朋友，就看我們怎麼看待，怎麼溝通。沒有人能眞正地如膠似漆，即使是恩愛夫妻也會有小爭執，只是在爭執發生的時候，他們不冷戰，不逃避，而是選擇面對和溝通。通常，只要放下手上的雜事，找出解決問題的方法，就能打開兩個人心中的結。

那麼，人與人之間的友情是不是也應該如此？

看著迪克森老奶奶的遺憾，在你心中是否也有著同樣的擔憂，擔心有一天也會發生相同的「遺憾」呢？

假使不希望人生有任何遺憾，那麼就快點敞開心溝通吧！

生活中沒有解決不了的問題，人與人之間也沒有必須的敵意與敵對，特別是面對自己身邊的人，因爲，即使彼此是「冤家相聚」，也要兩人結緣了千百年，才能在人世再次相逢啊！

努力前進，未來將是無限可能

即使沒有預料到日後的發展，只要我們肯努力，肯吃苦，未來的成就必定會超出預期。

別再擔心目標還沒出現，要先認眞地看一看自己，檢討自己是不是只顧著擔心，而忽略了眼前必須下的功夫呢？

我們無法明確地論斷未來會如何發展，不過有件事是可以肯定的：「不管目前如何，努力前進就對了。」

一時的輸贏與挫敗不算什麼，最怕的是小小的挫折之後，我們便再也站不起來，再也無法面對接下來的考驗和挑戰。因爲，心中一旦被害怕佔據，那麼一時的挫折恐將成爲永遠的失敗。

美國前總統雷根在上海復旦大學演講時，有個學生問他：「您在大學讀書時，有沒有想過自己有一天要成爲美國總統？」

雷根一聽，先是擺了擺手，接著便以一貫幽默的肢體語言側著頭思考，似乎這個題目難倒了他。

接著，他微微一笑，神態自若地答道：「如果沒記錯的話，當時我正在學習經濟學，而且還是個超級球迷。畢業後，美國大學生大約有四分之一都失業了，所以我當時只想著必須先找到一份可以餬口的工作，不久我找到了體育新聞播報的工作。不過，後來我又跑去當好萊塢的演員。」

他忽然板起臉孔認眞地說：「嗯，我今天能當上美國總統，可能是學習經濟學令我很會算帳，而播報員的經驗則訓練了我今天的好口才，至於演員的訓練機會讓我很會演戲吧！嗯，這些就我是當上總統的原因！」

聽見雷根總統居然如此巧妙地自嘲，率眞幽默的表達方式，令台下的學生們

都忍不住笑了出來，當然還給他熱烈的掌聲。

雷根其實十分仔細地回答了他成功的原因，對於這樣生硬的問題，他沒有用太制式的答案，反而是用靈活多變的生活經驗來分享自己的成長，更說明了他在當上總統前樂觀累積能量的人生歷程。

這段簡短的回應中點出了現實環境的影響，也說明了每個人應當付出的努力，還告訴我們：「一切要有開始，然後才會出現結果。即使沒有預料到日後的發展，只要我們肯努力，肯吃苦，未來的成就必定會超出預期。」

與其訂出終極目標，不如認真踩下每一個步伐。就像雷根說的，最重要的是依照當下的需要做出計劃和準備，未來不必多想，只要我們能一步步地走下去，自然能走到自己期望的未來。

對於心中希望的目標不必太多擔心，更無須煩惱太多。今天過了還有明天，記得好好把握住當下的機會和時間，你的未來就會變得越來越清晰。

別讓輕忽成為一種習慣

現實生活中我們擁有的機會其實不多，明白珍惜的道理之後，對於已經握在手中的機會，我們是不是更應該好好把握？

教育家海倫凱勒曾說：「成千上萬的小事落在我們的手心裡，各式各樣的小機會每天發生，任由我們自由運用或濫用。」

機會無分大小，懂得運用就是好機會，但要是錯失了，就不再屬於你。

生活上的許多態度看似平常，其實都對我們影響甚鉅，因此許多激勵大師都強調一個生活觀念：「心態決定成敗！」

生活態度總是漫不經心的人，或是習慣丟三落四的人，他們因輕忽而錯失的

機會肯定比別人多。

清晨的太陽還未露臉，河邊罩著一層厚厚的濃霧。

「啊！」河邊有個漁夫忽然痛得大叫了一聲。

「這是什麼東西啊？」漁夫摸索著剛剛不小心踩到的硬物，撿起來一看，是個裝滿小石子的袋子。

看著其貌不揚的袋子，漁夫並沒有多加理睬，只是靜靜地坐在河邊，耐心等待太陽東昇，開始他一天的捕魚生活。

距離日出還有段時間，漁夫閒來無聊，便拿起了剛剛踩到的那袋小石子，隨手伸了進去拿了一顆出來，接著便往水裡扔，聽著小石子輕聲落水的聲音，感到十分有趣。

於是，漁夫便這麼一顆、兩顆地不斷地往水裡丟，一直到太陽升起。

「啊！」漁夫忽然又驚叫了一聲。

剛剛來到河邊捕魚的其他人，看著漁夫驚慌失措的神情，還以為發生什麼事了，問道：「你怎麼了？」

漁夫似乎沒有聽見同行的詢問，只見他嘴巴張得大大的，眼神更是顯得呆滯：「什麼！我……」

原來，就在太陽升起的片刻，漁夫準備將手中最後一顆小石頭丟出時，才發現那是一顆寶石。

寶石在日光的照耀下更顯露出迷人光芒，只是漫不經心的漁夫卻這麼錯過了擁有珍寶的機會。

只見他不斷地懊悔著：「我為什麼不多看一眼？我怎麼沒有再看仔細一點？老天爺都故意把珍寶放到我的腳下了，我怎麼沒有看清楚呢？」

所幸，漁夫的最後一顆寶石還握在手中。

看見漁夫錯失珍寶的經過，你是否也驚覺現實生活同樣也是如此？

太容易得到的機會，許多人也很容易輕忽，因爲他們還不懂得其中的珍貴，未能珍惜手中的一切。

所以，從另一個角度來看，或者老天爺讓漁夫撿到寶石的同時，也安排了太陽升起的時間，對於那些不懂得珍惜的人來說，也許一顆就夠了，擁有太多他們恐怕也不會愛惜。

現實生活中，我們擁有的機會其實不多，明白珍惜的道理之後，對於已經握在手中的機會，我們是不是更應該好好把握？

即使在黑暗中，我們也不能輕易捨棄，如果不能確定手中握住的是什麼，請耐心等待黎明，等待日光照亮，讓我們看清手中寶物的價值。

決心行動就能創造奇蹟

只要我們下定決心行動，就一定能實現所有可能，只要我們堅持不放棄，奇蹟就一定會出現。

文學家普魯斯特曾經如此說：「萬事萬物都沒變，變的是我自己，因為我變了，所以萬事萬物也跟著變了。」

的確，想要改變生活，就必須先從改變自己開始，因爲，你自己先要笑，才能引起別人臉上的笑容，你自己先要改變消極的生活態度，才能從眼前的人生困境超脫，日子才會過得快活。

一旦決心行動，就別再胡思亂想，讓思緒和心境回復到簡單平靜。唯有如此

專心一意，我們的雙眼才能更清楚地看見目標，也才能更早一步實現期待已久的夢想。

《列子》裡有一則故事說，古時候太行山與王屋山這兩座山嶺，方圓七百里，高有萬仞，位於冀州的南方。

據說，在這兩座大山的北面，住了一位高齡九十歲的老人家，名叫愚公，由於這兩座山阻礙了當地的交通，老人家每次都得攀越這兩座山，才能到另一個地方。

這讓他十分疲憊，再加上他年事已高，每次得這麼翻山越嶺到山的另一面實在很辛苦，於是他努力想法子，希望能把這個難題解決。

這天，他召集家人們在大廳前一塊兒商量：「我想，我們一起把這兩座大山剷平吧！這或許要花費我們一生的力氣，但爲了大家往來方便，我還是想開闢一條能通往南部，直達漢水南面的路，你們覺得如何？」

聽到這個方法，家人異口同聲地贊成，畢竟每次得這麼翻山越嶺實在太辛苦了，所以愚公一家人立即拿起了工具，開始挖走山上的土石。

不過，這時有個名叫智叟的老人，聽見愚公的異想天開，忍不住笑著勸他：「愚公啊！怎麼這麼傻呢？你看你年紀一大把了，恐怕連上山挑一擔草都有困難了，你怎麼挑走這一筐筐泥石呢？山怎麼可能剷得平呢？」

愚公嘆了口氣說：「那又如何？別忘了，即使我死了，我還有兒子在啊！兒子生了孫子，孫子再繼續生小孫子，總之，我家子子孫孫會一代代地傳下去，我的兒孫會無窮無盡地出生，但是，這山肯定不會再長高了，所以啦！你根本不必擔心我們剷不平啦！」

智叟一聽，無言以對。

後來，連山神也聽說了愚公這一番話，很擔心愚公要是剷平了山，那他就再也沒地方安身了，於是立即向玉帝報告。

玉帝聽完了山神的報告，被愚公的行爲感動，便命令夸娥氏的兩個兒子把兩座山搬移，一座放到朔州的東部，另一座放到雍州的南方。

愚公憑著一股傻勁，最後竟然成功移走兩座山。

愚公移山是一則人人耳熟能詳的故事，情節雖然不盡合理，愚公的謬論也不合邏輯，但卻傳達一個正面的寓意，那就是：「不論遭遇什麼困難，都要有永不放棄的決心。」

只要我們下定決心行動，就一定能實現所有可能，只要我們堅持不放棄，奇蹟就一定會出現。

路是人走出來的，即使身在科技文明的今天，一切還是得依靠人類繼續創造和實踐，因此，我們絕對不能小看自己，更不能小覷別人。

即使困難重重，沒有人可以逼迫我們放棄，只要有想法和目標，我們都要積極行動，只要有毅力，誰都不能阻擋在我們前方。

9 PART

何必刻意刺激別人的情緒？

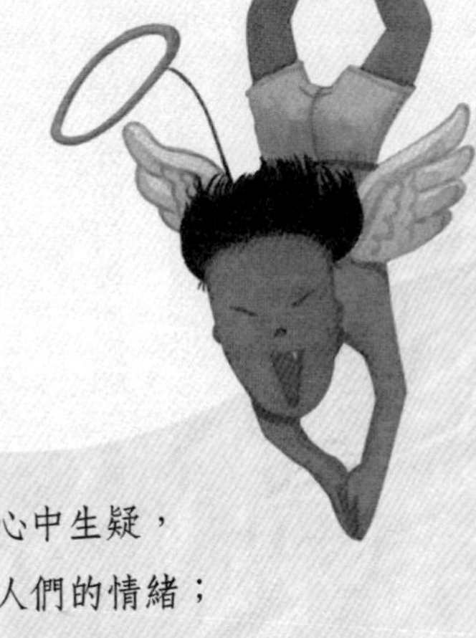

我們無須因為心中生疑，
而刻意去挑動人們的情緒；
故意煽動對方，
並不會讓你確實看見他的真面目，
只會讓你的人際關係倒退一步。

互相尊重是維護自尊的最好方法

每個人都需要被尊重，包括還不懂事的小朋友，每個人都需要自尊，包括還在學習成長的小朋友。

有人很容易因為人們的嘲笑而自卑退縮，甚至放棄自己。但是，他們卻不知道，人們的嘲諷很多時候是出自無知，或是為了掩飾自己的不足。只要我們多一點自信，往前大跨一步，自然能封住他們的口，並讓他們躲到無人看見的角落。

生長在三〇年代初期的保羅，家庭狀況和多數人一樣貧困。當時，孩子們通常早早就出去打工，幫忙維持家計，保羅在這個大家庭中年紀最小，他的衣服都是兄長們傳下來的，就像鞋子一樣，只要腳拇趾沒有曝露，不管鞋底磨損到什麼程度，孩子們就得繼續傳承，直到破得無法縫補爲止。

感恩節的前一天，保羅家收到了一箱外出工作的姐姐寄來的東西，心急的保羅連忙打開箱子，卻只看見一雙姐姐的鞋子，靜靜地躺在其中。這時，母親看了看保羅腳上的破鞋，便拿出這雙鞋遞給他。

但是，保羅說什麼也不肯接手，哭著連連搖頭：「那是女生的鞋子，我才不要穿。」

家人們心疼地看著保羅，母親對著保羅說：「孩子，媽咪對不起你，但是，我們家眞的沒有別的鞋了，冬天就快到了，如果你不穿上它，腳趾頭會凍傷的。」

父親也走過來，拍了拍保羅的頭，但是什麼話也沒說，而最疼愛保羅的哥哥也摸了摸弟弟的頭，對他說：「放心，一切會好起來的。」

保羅脫下腳上的舊鞋，雙腳輕輕地放入了這雙褐色、尖頭的新二手鞋中，站

起來，發現跟部高了點，但是穿起來還挺舒服的。

第二天，保羅有點勉強地穿著「新鞋」上學去，當他到達學校時，奧圖爾正巧站在那裡，他是保羅的「敵人」。

忽然，奧圖爾大喊一聲：「你們看，保羅穿女鞋耶！」

保羅羞愧得想往教室的方向奔去，然而奧圖爾卻一把捉住了他，並吆喝大家來圍觀。這時，校長突然出現，大喊了一聲：「快進教室！」

保羅趁機擺脫了奧圖爾，跑進了教室，但是，奧圖爾卻沒有就此罷手，每節下課時間，都會走到保羅的身邊嘲笑他。

中午前，校長又走進來訓話了，他邊走邊說，突然，他停在保羅的身邊，不再說話。保羅抬起頭看著他，沒想到校長正盯著姐姐的鞋，保羅滿臉漲紅地把腳縮了進去，然而就在保羅縮腳時，校長卻說：「那是牛仔鞋！」

保羅不解地看著校長，只見校長又說了一遍：「我在西部住過，這是牛仔鞋沒錯，孩子，你怎麼得到這雙牛仔鞋的？」

孩子們聽見是傳聞中的西部牛仔鞋，個個都擠到保羅的身邊，好奇地想看看

什麼是「牛仔鞋」？不一會兒，教室裡充滿了驚嘆聲：「哇！保羅居然有一雙真正的牛仔鞋耶！」

從羞愧到驕傲，保羅的臉上的笑容頓時展開。

只見校長笑著說：「這是我見過最漂亮的牛仔鞋，保羅，如果你願意的話，讓同伴們好好地見識一下這雙牛仔鞋吧！」

保羅點點頭，孩子們立即排成一列，等待著試穿「牛仔鞋」，其中也包括曾經嘲笑過這雙鞋的奧圖爾。

接下來，每當有人又想試穿的時候，保羅總是得意地說：「我得考慮一下。」

看著保羅由原先的「畏縮」轉變爲後來的「驕傲」，我們也看見了「尊重」與「自尊」的重要性。

其實，校長很清楚，只要給保羅腳上的那雙鞋子一個新身份，這個孩子便能換回尊重與自信，那麼讓鞋子換一個不屬於它的新名字，又何妨呢？

在生活當中，你是否也曾經適時扮演過「奧圖爾」？是否也像保羅一樣，受過相同的傷害？

每個人都需要被尊重，包括還不懂事的小朋友；每個人都需要自尊，包括還在學習成長的小朋友。

沒有人不希望得到尊重，就像故事中的保羅與其他小朋友，我們可以相信，其實校長最希望看見的是，孩子們能夠自發地相互尊重，並付出友愛的關懷。

不如意，就要適時鼓勵自己

我們何不多給人們一些鼓勵，讓他們有更積極的生活情緒，快樂地享受人生呢？同時也給自己多一點積極的力量吧！

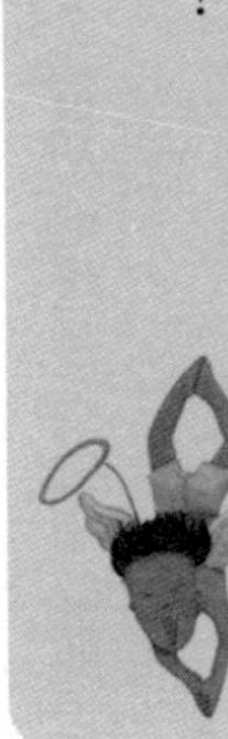

作家哈伯特曾經如此寫道：「那些習慣為了小事而自尋煩惱的人，永遠不愁自己會找不著煩惱。」

確實，我們經常看到愚蠢的人，總會因爲別人冷淡或否定的話語而患得患失，最後逼著自己不斷爲小事鬱悶。

沒有人喜歡聽見否定的聲音，也沒有人應該被「否定」給打倒，只要你很清楚自己的實力與需要，就能給自己多一些希望，多一些積極的力量。

一如往常地，阿里又準備出去慢跑了，對他來說，早上能抽出時間跑步，是件非常重要的事。

但是，今天出門前母親卻對他說：「我認為跑步對身體沒什麼好處，聽說那個著名的長跑健將已經死了。」

阿里原本想反駁母親的看法，不過轉念間，他想：「算了，她不明白我的情況，何必和她爭辯呢？」

但是，當阿里開始小跑步時，卻發現，母親的那番話居然不知不覺地影響了他。阿里想：「我可能會在路上像父親一樣心臟病發，當初他也是毫無預警地走了，而且每個人都認為他比我健康、強壯啊！」

當小跑步變成了走路，阿里的心情被母親的否定話語給擊倒了。已經是年近半百的阿里，其實很清楚自己的需要，他仍然很希望能聽見母親的一句鼓勵，即使只是一句簡單的「跑得不錯」也好。

當阿里準備轉身回家，又看見那位每天早上都會遇見的華裔老先生。阿里每天早上遇見他時，都會精神抖擻地朝著他喊：「早上好！」而這位老先生也會微笑地點了點頭。

今天，老先生再次出現在阿里的前面，還站在他回去的跑道上，讓他不得不停下來。阿里有點生氣，因爲母親的否定，破壞了今天晨跑的情緒，現在又遇見這個人擋住了自己的路。

忽然，老先生指著他的T恤，這是朋友在中國春節時送給他的，正面有三個漢字，背面則是中國城風景。只見老先生用彆腳的英語，指著T恤上的漢字興奮地說：「你會說嗎？」

阿里搖了搖頭，並解釋那件T恤是朋友送的禮物，不過，英文程度不好的老先生似乎沒有全部聽懂。但他卻很開心地對阿里說：「我每次遇見你，都覺得你很棒、很快樂。」

阿里一聽，心中似乎又喚起了希望，雙腳也突然間有種無法解釋的力量，轉過身，又繼續跑了六英哩多。

抬頭看著早晨的天空，阿里的心中泛起了一陣激動，雀躍地想著：「我眞的很滿足，很快樂，很棒！」

就這樣，阿里繼續他的慢跑之路，也參加了不少馬拉松大賽。雖然他沒有拿到任何獎盃，但是在他心裡永遠有一個支持的力量，就是那位老先生的話：「你的確很棒，很快樂。」

看到阿里因爲母親的話而沮喪之時，一定有很多人很想給他一些肯定，鼓勵他繼續前進。

之所以如此，是因爲我們都希望被肯定，更期待人們的讚美和鼓勵，只要能得到一點點支持的力量，我們的生活就會充滿快樂和希望。

相同的道理，遇到別人不如意的時候，我們何不多給人們一些鼓勵，讓他們有更積極的生活情緒，快樂地享受人生呢？

放下過去的不如意，同時也給自己多一點積極的力量吧！

無論如何，你的雙腳就在你的身上，未來的路不管是用跑的還是用跳的，決定權都在你的手中。

如果你無緣遇見肯定你的「華裔老先生」，那麼，能夠給你積極生命力量的，只有你自己了。無論遭遇什麼煩惱，都要不斷地鼓勵自己：「你的確很棒，很快樂。」

因爲，這個支持力量會轉化爲你的內在動力，成爲積極地肯定自己，並且不斷超越自己的無限能量。

退一步，幸福的空間更寬廣

對人多一點包容絕對有益無害，因為我們每退一步，對方接納與包容我們的心就會更進一步。

莎士比亞曾經寫道：「為了一件小事爭執不休，往往會使這件小事顯得格外重大，甚至會讓你惱羞成怒。」

想要抑制惱怒，就必須擁有一顆寬容的心，當你懂得適時退讓，就不會動輒爲了芝麻小事而鬱悶。

退讓，才是解決爭端的最好方法，所以別那麼堅持己見，唯有大家各退一步，讓彼此多一點包容的空間，我們才看得見幸福的天空。

泰德對一位老同事抱怨說：「我老婆最近脾氣好暴躁喔！老是爲了一些小事情發脾氣，還經常莫名其妙地罵孩子，她以前不會這樣的。」

同事聽完後，便問：「你們最近有沒有吵架？」

泰德想了想，回答說：「嗯！好像有，我們之前爲了裝修房間的事大吵一架，因爲，妻子比較沒有色彩概念，所以我希望用我選的顏色，但是，她卻堅持要用另一種顏色，說什麼都不肯讓步。爲了房間的美感，我當然也不能讓步，因爲她對顏色的判斷力眞的很差！」

同事聽到這裡總算找出原因，於是他又問道：「那我問你，如果她今天說，你的辦公室佈置得很差，要幫你重新佈置，你會怎樣？」

泰德立即回答說：「當然不行了，這是我的房間，怎麼能讓她決定？」

同事安撫著他：「這不就對了嗎？你的辦公室是你的權力範圍，而家裡的一切多數是屬於她的權力範圍，如果要按照你的想法去佈置廚房，她的反應必定和

你現在一樣。」

同事拍了拍他的肩膀說：「只要有兩個人以上的討論空間，那麼任何人都有否決權，不是嗎？」

泰德聽了同事的話，恍然大悟地說：「也對！」

這天回到家中，泰德立即對妻子說：「妳喜歡怎麼佈置房間，就怎麼佈置吧！這是妳應有的權力，只要這個家住起來舒服就好，是吧！」

妻子忽然聽見泰德這麼說，有點難以置信，吃驚地看著他，於是泰德老實地說出同事的分析，並向老婆說抱歉。

就這樣，房間裡的色彩在夫妻倆的討論下，有了最好的結果，最重要的是，這個家終於又重回和樂的氣氛。

人們總是喜歡爲了小事爭執，爲小事鬱卒，不是嗎？

在這個本位主義高張的時代，人們很容易起爭執，因爲每個人都以個人爲主

軸，總是認爲自己才是最好、最正確的，所以，我們經常看見各持己見的兩個人，站在獨木橋的中間互不退讓，結果以兩敗俱傷收場。

只是「退一步」，眞的有那麼難嗎？

不少人際關係專家都強調：「如果你能從別人的角度多想想，你就不難找到妥善處理問題的方法。」

人的情緒很容易受到外在環境影響，也很容易受到小事撩撥，如果你每天都覺得生活不如己意，容易和別人發生爭執、摩擦，不妨靜下心來仔細檢討癥結究竟何在。

當你堅持自己的意見和看法才是正確之時，千萬別忘了站在對方的角度思考一下。

其實，不只是夫妻之間的相處，我們日常生活中的待人處事更應當如此，對周遭的人多一點包容絕對有益無害，因爲我們每退一步，對方接納與包容我們的心就會更進一步。

何必刻意激別人的情緒？

我們無須因為心中生疑，而刻意去挑動人們的情緒；故意煽動對方，並不會讓你確實看見他的真面目，只會讓你的人際關係倒退一步。

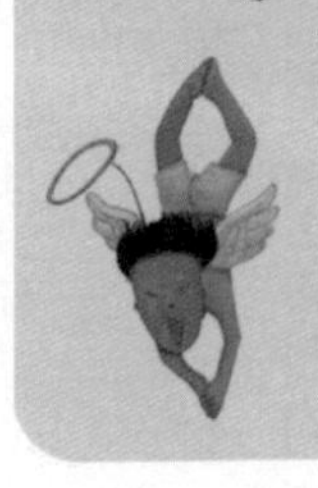

我們生活的這個世界越來越強調形象包裝，不少人爲了博得美名，或是在競爭中勝出，往往會形塑自己，隱藏眞實性格，以完美的形象與裝扮出現在公衆面前。

爲了生存，我們很習慣在不同的人面前，呈現不同的面貌。

其實，只要不存害人、騙人之心，是不是僞裝出來的不太重要，畢竟我們眞的很需要用這些不同的面貌，來與周遭不同的人溝通、交流，並幫助自己的人際

發展。

很久以前，有個頗受好評的富孀，平日待人親切和善，爲人謙遜的她甚得人心，不管是她的親友還是傭人們，每個人都對她讚譽有加。

然而，有位頗受這位富婆喜愛的年輕女僕，卻是個充滿好奇心，喜歡發掘所謂人性眞相的女孩。

有一天，她忽然這麼想：「每個人都如此讚美我的女主人，雖然我也覺得她不錯，但是，我們又怎麼知道，她的那份溫和是天性使然，還是外在環境促使她不得不如此？嗯，不如讓我來測試一下她吧！」

於是，第二天早上，這位年輕女僕便故意賴床不起，一直等到中午時分，才慵懶地出現在富婆的面前。

當她來到廳堂時發現，女主人的臉上已經堆滿了不悅，接著還聽見責備的聲音：「妳爲什麼這麼晚起？」

只見這個女僕頂嘴說：「我只是偶爾賴個床，您用不著這麼生氣吧！」

女主人一聽，臉色更爲難看了，不過，爲了維持自己的形象，她也只是生氣地搖了搖頭，便不再多話。

第二天，女僕又再賴床一天，沒想到，這回女主人終於按捺不住脾氣了，怒氣沖沖地帶了根木棒，來到這個女僕的房間中，當場給了女僕一棒。

接下來，事情怎麼發展呢？

我們不是常說「好事不出門，壞事傳千里」嗎？這句話不一會兒便立即在女主人的身上應證。

當她棒子才落下之後，消息便傳遍了大街小巷，讓她花費了大半生累積的聲名，因爲這「一棒」而完全損毀。

你經常懷疑那些表現和善的人，其實是詐善的僞君子嗎？那麼，你會用什麼方法證明他的僞裝呢？

看完這個故事，或許有人要嘲笑女主人的裝模作樣、虛情假意，然而，我們何不換個角度看，如果女僕不「故意」搗蛋，我們可以肯定，女主人將會一輩子都是和藹可親的模樣，這不是很好嗎？

每個人都是從「互動」中溝通心意，我們無須因為心中生疑，而刻意去挑動人們的情緒。

因為，人們對你的和善，其實是順應著你的和善而生，故意煽動對方，並不會讓你確實看見他的眞面目，只會讓你的人際關係倒退一步。

也許，有人會質疑，那麼想要做到眞正的「表裡如一」又該如何？

其實，只要不心存詐欺就是表裡如一！只要別太僞作、矯飾，我們大可運用多元的面貌，來面對多元的社會，成就我們的未來。

別讓小事傷了和氣

因為「自以為是」的偏頗想法，因為心中擁有了計較與比較的嫉妒、猜忌，所以，我們反而更容易被小事煩擾，讓各種情緒佔滿了心胸。

我們常常會緬懷過去的美好回憶，用心計劃未來的美好願景，卻往往忽略了用心經營現在的人生。

我們喜歡和別人爭辯，喜歡和別人嘔氣，以至於常常因爲小事而撕裂自己的人際關係，造成不能挽回的遺憾。

其實，有些當下讓人覺得氣憤、懊惱的事情，只要轉換個情緒，用寬容的心胸看待，很快便會雲淡風輕。

法國作家福萊曾經寫道：「一個不肯寬容別人的人，就是不給自己留餘地，因為，每一個人都有犯下過錯而需要別人寬容的時候。」

每件事都會有轉圜的餘地，所以，別再爲小事傷了和氣！人的感情一旦因爲這些小事而損傷了，恐怕花再長的時間也不一定能夠癒合。

從前有兩個感情相當好的家庭，雖然沒有住在同一個城市裡，但感情甚篤的他們，每年都會安排一個聚會的時間，時間一到，甲家人必定全家到乙家拜訪，甚至連他們飼養的狗兒也會跟去。

但是，不知道怎麼了，有一年他們竟爲了一點小事而傷了彼此的感情，於是，那一年，甲家人決定不再探訪乙家。

然而，他們卻萬萬沒有想到，在約定的那一天，甲家的狗兒居然獨自來到三十里之外的乙家。當牠到達乙家時，已經是傍晚時分了。

當乙家的人看見甲家的狗兒出現時，全都開心地猜想：「咦？他們的愛犬都

來了，那就表示他們願意與我們和好如初囉！」於是，主人吩咐：「大家快點準備東西，我想，他們就快到了！」

以爲感情重建的乙家人，連忙去準備飯菜等待好友的到來，然而，他們等了一個晚上，卻仍然不見甲家人的蹤影。

第二天早上，乙家人很擔心朋友們一家人的情況，於是不放心地來到甲家，一問之下才知道，原來是狗兒自己跑到他們家的。

這時，甲家的小女兒說：「哇，狗狗都沒有忘記大家的約定和情誼耶！那麼爲什麼你們大人會忘了呢？」

兩家人聽了都相當慚愧，只見雙方大人再次聊了起來，孩子們也開始在屋裡歡笑追逐，大家的情感又再次牽起，而他們也相信，從這一天起，兩戶人家的情誼將會永恒不墜。

身爲萬物之靈的人類，似乎無法眞正地運用自己的聰明腦袋，總是要從其他

萬物的身上，看見生命的啓示，你認爲呢？

從小狗獨自「依約赴宴」的表現中，我們便可以看見人們聰明過頭的誤用。因爲充滿「自以爲是」的偏頗想法，因爲心中擁有了計較與比較的嫉妒、猜忌，所以，我們反而更容易被小事煩擾，讓各種情緒佔滿了心胸，同時也縮小了包容的空間。

從小狗狗的身上，你是否也有了新的啓發？

英國哲學家羅素曾說：「一個人越不懂得控制自己的人，越是察覺不出自己傷害了別人，也傷害了自己，因為眼前的事物蒙住了他的眼睛。」

由於生長環境和價值觀念不同，每個人行事風格不同，觀看事物的角度也不同，因此同樣一件事，往往有著不同的解讀。我們該做的是微笑面對差異，化解彼此的誤解，而不是製造更多互動上的糾葛。

生活中，我們確實有很多小事可以煩惱、生氣，然而，認眞地看一看這些瑣碎小事，很多時候你不是經常發現：「那根本沒什麼啊！」

不要用激情取代理性

我們都曾未問明前因後果，便怒責他人的不是，也曾未經證實，便隨意地指證他人的是非，當時間證明了真相，卻已鑄成了大錯。

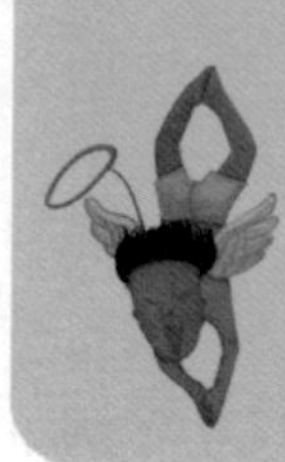

不要在沒有事實根據的誤會上和別人對立，更不要在沒有親自證實的傳言中，繼續蜚短流長。

因爲，過度的激情很容易控制人的理性，更會讓人在失去理智的情況下，做出傷害別人也傷害自己的事。

在一座茂密的森林中住了許多鴿子，其中有一對鴿子在一棵大樹上共築了一個愛巢，像似幸福的小夫妻，相親相愛地過著快樂的日子。

秋天來臨時，牠們發現後山一座果園的果子成熟了，於是就飛到果子園中，趁著著園主不注意時，偷了許多果子回家。

果實堆滿了牠們的巢穴，似乎足夠渡過寒冬了。然而，原本以爲不必爲冬天食物發愁的牠們卻沒料到，悠閒好幾天之後，巢中所有果子都因爲天氣乾燥無雨，不知不覺中都乾縮了，居然剩下不到半個巢穴。

這天，雄鴿自外面遊蕩歸來，看見這個情形，生氣地責怪雌鴿：「我們千辛萬苦到後山採來的果子，妳居然偷偷地單獨享用，才沒幾天就已經被妳吃掉一半，妳實在很自私。」

雌鴿不服氣地反駁說：「才沒有這回事呢！巢中的果子從採收回來後，我一個也沒動過啊！」

雄鴿大吼：「妳還不承認，還強詞奪理？妳看，眼前的果子明明只剩下一半，事實就擺在眼前，妳還要抵賴？」

雌鴿悲傷地說：「那些果子明明是自己減少的，我根本沒有偷吃啊！請你一定要相信我。」

雌鴿苦苦哀求，雄鴿卻仍然不相信她，還怒氣沖沖地說：「妳口口聲聲說沒有偷吃，那麼果子怎麼會減少？」

說著說著，牠居然用尖銳的嘴啄了過去。雌鴿抵擋不住雄鴿的猛烈攻擊，不一會兒便被雄鴿給啄死了。

看著另一伴死去，雄鴿一點也不傷心難過，因為在牠心中，正充滿著被背叛的感覺，認為自己除去了不能信任的另一半，也決心以後只靠自己。

忽然，天空落下了斗大的雨滴，也落在那些乾扁的果子身上，就在這個時候，巢中的那些乾扁的果子登時全都膨脹了起來，鳥巢也再次被果子給佔滿，而且容量和先前一樣！

雄鴿這時才發現自己誤會雌鴿了，因為一時的情緒失控，竟然讓牠誤殺了另一半。只見後悔不已的雄鴿飛上了樹梢，高聲地哀嚎：「老婆，妳到哪裡去了，老婆，我相信妳啊！老婆，妳快回來啊……」

看著這則寓言故事，你是否也覺得有點熟悉？

因爲，我們都曾經未問明前因後果，便怒責他人的不是，也曾經未經證實，便隨意地指證他人的是非，當時間證明了眞相，我們卻已鑄成了大錯。

所以，我們要謹記故事中的教訓：「別讓失控的情緒，蒙住了事實真相與冷靜溝通的機會。」

俄國文豪屠格涅夫在《回憶錄》裡寫道：「生活不是別的，只不過是經常超越自己，克服自己的缺失而已。」

想要超越自己，最重要的關鍵就是學會「自我克制」，不斷要求自己微笑代替煩惱，千萬不要用情緒處理事情，尤其是對一些可能傷害別人的舉動，更要想辦法加以控制，以免讓自己後悔莫及。

冷靜面對才能看見真相

不想被假象蒙蔽，那麼我們就要用更謹慎的態度小心求證，不想再被訛傳所煩擾，那麼我們就要用冷靜的態度，找出事實的真相。

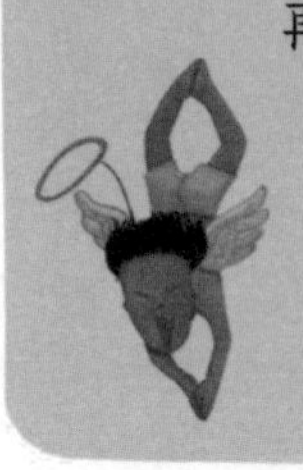

戴維．墨菲曾經寫道：「眼睛和耳朵是人身上最容易出賣自己的器官。」

通常，我們會對自己親眼目睹、親耳所聞的事情深信不疑，但問題是，這些讓我們深信不疑的事情，極可能只是我們本身的錯覺或誤解，更可能是別有居心的人，刻意安排來讓我們「看到」和「聽到」。

因此，不要隨著毫無根據的傳說而揣摩想像，也不要跟著八卦消息而隨便評斷是非，即使是羅生門的情況，眞相始終只有一個，不過，這個眞相也只有在你

謹慎求證之後才能看見。

古時候，有一班靠演出謀生的戲子，因爲國內鬧饑荒，人民連最基本的衣食都無法照顧，更別提欣賞戲曲了，因此，這班戲子只得帶著道具行裝，到外地尋找演出機會。

這天，他們正好經過婆羅新山，據傳在這座山林裡，住著嗜吃人肉的羅剎鬼。很想快點走出婆羅新山的他們，卻因山路不熟，加上其中一位戲子生病了，以致行程耽誤，不得不在這座山林裡過夜。

眼看著黑幕拉下，山上的寒涼夜風也開始吹起，他們連忙搭起休息的棚子，並撿拾一些乾柴起火，讓大家就著火堆休息取暖。

當大家都睡著時，那位生病的演員卻被寒冷的夜風吹醒，於是，他連忙從道具中隨手拉出一件厚衣裳穿上，並到火堆前取暖。

過了一會兒，有位同伴從睡夢中醒來，一抬頭，看見火堆邊居然坐了一個「羅

剎鬼」，嚇得驚呼一聲，連忙起身逃跑。

「羅剎鬼」是怎麼出現的呢？

原來，那個「羅剎鬼」不是別人，正是那個生病的演員，糊裡糊塗的他，完全不知道自己穿上了羅剎鬼的戲服。

當其他人聽見有人高喊著「羅剎鬼」時，並沒有人問明原因，便跟著喊叫的人開跑，這其中當然也包括了那位生病的戲子；他看見大家驚慌地四處奔逃，以爲出了什麼事，也拼了命地跟在大家的後面奔跑。

這時，有個人回頭探望，想看清楚到底發生了什麼事，未料，一轉頭，卻見「羅剎鬼」的身影朝著他的方向奔來，這下子他更加驚恐，只見他高呼著：「羅剎鬼追來啦！」

這一驚呼，讓大家更加拼命地往前狂奔，只見有人被石塊絆倒，有人被荊棘刺傷，還有人跑得太快，一不小心猛地跌坐在小溝渠邊，每個人幾乎都弄得渾身是傷，這其中也包括那個緊跟在後的假羅剎鬼！

就這樣，一群人東奔西跑了一個晚上，直到東方魚肚漸白，才精疲力盡地停

下腳步，心想：「天亮了，羅剎鬼應該不敢走出森林吧？」

這時，有人回頭看了看，卻見「羅剎鬼」出現在他的身後，還氣喘吁吁地抱怨：「你們不知道我生病了嗎？到底發生了什麼事啊？」

這則故事相當滑稽有趣，然而其中的寓意卻十分深遠。因爲人云亦云，也因爲人們缺乏實事求是的態度，白馬經常被硬指爲黑馬，幾句流言也常常被人們當成眞話，於是，許多人的名譽莫名被毀損，眞相也總是石沉大海。

聽見流言或像故事中的傳言時，你都怎麼處理與面對？是像故事中的人們，只是看見了影子，便相信眞有「羅剎鬼」，還是會冷靜地循著身影，仔細求證？

不想被假象蒙蔽，那麼，我們就要用更謹慎的態度，小心求證；不想再被訛傳煩擾，那麼，我們就要用冷靜的態度，找出事實的眞相。

10

PART

不必奢求十全十美

在我們生活之中，

所有的事物都是自然發生、自然結果，

任何刻意的改變並不會讓它變得更加美好，

一切只會變得更為虛假。

不要為了瑣事吵得不可開交

遇上夫妻吵架嗎？別急著幫他們分析利害或勸說分合，因為他們真正需要的不是我們的偏袒，而他們自己能先冷靜下來。

現代人容易爲小事煩悶，也容易爲了小事而發生衝突，最明顯的證據就顯現在節節高昇的離婚率上。

有對幸福夫妻間的對話是這樣的：

老公一進家門，即開心地說：「老婆，我回來了，看見妳眞好！」

老婆則立即笑著回應：「老公，看見你回來，我眞的很開心！」

這樣幸福甜蜜的互動，如果能出現在每一對夫妻的身上，相信就不會動輒爲

了一條牙膏之類的瑣事爭吵，離婚率就不會那麼高了。

凱特和妻子是對人人羨慕的夫妻，結婚二十多年來，他們總是爲對方著想，甚至爲對方做一些必要的讓步。

從事寫作的凱特雖然沒有闖出名堂，但是以他目前的工作情況來看，已經很不錯了，而且他還有太太的幫忙，每次寫完連載的短篇小說後，都會交給老婆打字並寄送稿件，而這份工作對凱特太太來說，是意義非凡的。

對凱特來說，回家是最重要的時刻，每當擁抱妻子，親吻她的前額時，他總是問她同樣的問題：「親愛的，我不在家的時候，妳會不會很悶？」

體貼的凱特太太，每次的答案都是：「不會啊！家裡有很多事情要忙呢！不過看見你回來，我更加開心！」

向來把自己視爲丈夫最佳拍檔的凱特太太，和丈夫之間的互動，從不曾冷淡過。但是，凱特太太始料不及的是，凱特居然被一個名叫奧爾嘉的女人迷住了，

她甚至還要求凱特跟她結婚。

已經被迷得團團轉的凱特心想：「唔！那我得先和老婆離婚啊！這也許很容易辦到，我們結婚二十多年，感覺似乎不再那麼熱烈，也許她已經不愛我了，分開應該不會太痛苦。」

雖然有信心「沒有痛苦」，但是性格軟弱的凱特，仍然不知道要如何開口，最後想到了一個方法。

這天，他把自己和太太的情況，移入虛構故事之中，爲了讓老婆看得明白，刻意引用了只有他們夫婦倆知道的生活互動，並在結尾處讓那對夫妻離婚，也讓離開丈夫的妻子，悠閒地渡過她的餘生。

寫完後，他匆匆地把手稿交給妻子打字，便出門了。

當他晚上回到家中，雖然心中猜測著妻子的反應，但嘴中仍然很公式化地問：「親愛的，我不在家的時候，妳會不會很悶？」

沒想到老婆和平常一樣，平靜地說：「不會啊！家裡有很事情要忙呢！不過看見你回來，我更加開心！」

「難道她沒有看懂？」凱特困惑地想著。

直到第二天，凱特才發現，妻子也用相同的方式與他溝通。因爲，妻子把故事的結局改了：「當丈夫提出這個要求後，他們決定離婚了。但是，那位依然保持著純眞愛情的妻子，卻在前往南方的途中抑鬱而死。」

看著修改後的結局，凱特吃驚地發現，原來老婆對他的感情竟是這樣的深厚，於是他決定，要和那個外遇的女人一刀兩斷。

「親愛的，我不在家的時候，妳會不會很悶？」當凱米特回到家裡時，溫柔而深情的語氣問道。

只見妻子微笑地說：「不會啊！家裡有很事情要忙呢！不過，看見你回來，我更加開心！」

這樣的故事我們都很熟悉，但是這樣的溝通方式，相信我們都是第一次看見。妻子輕輕地修改了故事的結局，也深深地刻劃下內心的眞情，如此情深義重

的「結局」很難不打動人心，不是嗎？

從故事中我們還看見，「冷靜」是妻子成功喚回老公的關鍵，「情深」是她沒有放棄老公的動力，「體貼」則是她贏得圓滿幸福的重要元素，一句「看見你回來，我更加開心」，不僅訴盡了她的無怨無悔，也說盡了共偕白頭的決心。

遇上夫妻吵架嗎？別急著幫他們分析利害或勸說分合，因爲他們眞正需要的不是我們的偏袒，而他們自己能先冷靜下來，好好地想一想：「曾經愛得那麼深刻，怎能爲了一條牙膏而鬧得不可開交，甚至想要離婚呢？」

失去的永遠都補不回來了

不管你的地位或財富有多高，犯錯了，就別再站得那麼高，只要低頭認錯，內心發出真誠的愧疚，不必多做什麼，受傷者自然會釋懷。

沒有人不會犯錯，只是在犯錯時，你是否真的認爲自己有錯，這才是在彌補事故時，能否讓傷口眞正癒合的要點。

因爲，最好的彌補，是求一個「原諒」，而獲得原諒的最好方式，就是謙卑退讓，誠心認錯。

很久以前，有個愚昧的國王，聽聞宮中的文武百官，私底下對他頗多議論，說他是個暴虐的君王，又說他資質愚笨，不懂得治理國家。

國王非常憤怒，下令要揪出那些亂耍嘴皮的大臣。

但是，偵查了許久，一直都找不到傳播謠言的人。就在這個時候，國王身邊有個奸佞的小人，伺機陷害了一個賢臣，然而這個愚昧的國王居然聽信奸人的話，不僅沒有詳細查證，還立即給這位賢臣一個「污衊君主」的罪名。

這個罪名相當重，那位賢臣必須忍受凌遲之刑。

可憐的大臣莫名地被誣陷，還得忍受這個割肉的酷刑，雖然僥倖沒死，卻也被折磨得只剩半條人命。

這時，朝中幾位重量級的大臣，實在看不下去了，便聯名各方人士證明這位賢臣的忠誠與老實，證明他從來沒有說過毀謗國王的話。

由於聲援的力量非常大，國王不得不停下刑罪，仔細調查。

結果終於出爐，國王這才知道，自己誤信奸人陷害賢臣，看著受冤枉的大臣，良心受到譴責，於是，他為了補償賢臣的「損失」，便在早朝的時候，命人送上

一千兩豬肉，好讓大臣加倍補足身上的肉。

但是，受冤枉的大臣並不領情，得了一千兩豬肉之後，仍然呻吟、哀叫不止，狀似非常痛苦。

國王見狀，有些不悅地問：「爲什麼你還這副痛苦的模樣？我雖然拿了你一百兩的肉，但是，我已經用十倍數量償還你了，你還不滿足嗎？」

這位大臣抬起頭，面有難色地看著國王，嘴巴似乎很想開口，但是卻無法答應。這時，另一位大臣開口說：「大王呀，如果有人把大王的頭割去，然後再還給您一千顆頭，不知道大王您認爲如何？」

國王若有所悟地低下了頭，默然無語。

看著國王以一種「等值的交易」態度，來做出補償時，你是否也和故事中的大臣一樣，忍不住激起了相同的憤怒呢？

然而，在我們的生活周遭，許多犯錯人不也和國王一樣，總是慣用這樣的敷

衍態度來粉飾太平。

因為，他們都不太願意承認自己有錯，只想推搪敷衍，讓自己的責任負擔降到最低。

於是，他們會用一種「不得已」的意外心態，以及一種「大不了賠償」的交易心態，企圖來掩飾自己所犯下的嚴重錯誤。

問題是，事情都已經發生了，又如何能讓一切回復原狀？

不管你的地位或財富有多高，犯錯了，就別再站得那麼高，因為只要低頭認錯，內心發出眞誠的愧疚，不必多做什麼，受傷者自然會釋懷。

提防意外，才不會讓自己受傷害

意外的發生並不是完全單方面的，很多時候是我們自己的疏忽與輕信，而讓自己遭遇傷害，深陷危機。

不管我們心中多麼眞誠熱情，還是會遇見多變的人心。

因爲，心是被包覆在身體裡的，我們永遠也猜不中對方眞正的心思，即使他嘴裡說著：「我是眞心的！」

有兩個商人同時接到了新的業務，也同一天要將貨物運送出去。當他們各自

帶著家丁浩浩蕩蕩出發時，碰巧在某個街上相遇，而他們也發現，兩家的隊伍實在太浩大了，其中一個商人便提議：「如果一塊兒走，很容易引起人注意，萬一遇到了強盜，那就難以對付了。」

於是，他們商量後決定，讓其中一隊先行，另一隊則晚幾天出發。

先行前進的商隊，出發不久之後，便來到了人煙罕至的沙漠邊緣，據說這個沙漠猶如一片「死海」，「沒有綠洲，盜賊很多」，許多經過此地的人們，不是渴死，便是被強盜殺死。

所以，商隊聽說後，都備滿了足夠的飲用水才出發。

然而走到半途，他們卻看見幾個人渾身濕透地走來，領隊看到了，好奇地問道：「你們怎麼渾身都濕了，難道你們掉進了池塘？」

其中一人說：「前方是有個池塘，不過，我們並不是掉入水裡，而是被一陣大雷雨淋濕的，你們要上那兒？車上載了些什麼東西？」

商主說：「我們要到南方經商，車上載的是些普通貨物和飲用水。」

路人聽見了，連忙說：「朋友，你們根本不必擔心飲水問題！前方有一座森

林和水池，你們不妨打碎甕子，如此可以減輕不少負擔呢！」

沒想到商人竟然相信了他們的話，將水甕打破後再繼續前進。

然而，他們走了許久，卻怎麼也看不見森林與水池。

當然看不見了，因爲剛剛那幾位是強盜嘛！他們見商隊這麼多人，不方便下手，便誘騙他們把水倒掉，等到商人們饑渴倒地之後，便輕鬆地搶走貨物。

解決完了第一隊，他們靜靜地等候第二個商隊的到來。

當年輕的商主率眾出發後，也很快地來到了沙漠口，並準備停下來休息，這時，他們也遇見了之前的強盜，強盜們也以相同的理由要誘騙商主。

然而，聰明的商主一聽，便發現其中的破綻，當有人提議要捨棄水甕時，商主立即阻止：「不行！你們不覺得有問題嗎？總之，我們要提高警覺，刀槍要放在身邊，只要我一發號命令就立即殺出，今晚會有強盜來犯。」

深夜時分，果眞有一群強盜躡手躡腳地接近帳幕，這時年輕的商人早已發現他們的蹤跡，號令一發，強盜們立即束手就擒。

我們經常聽見這句話：「逢人且說三分話，未可全拋一片心。」

這也和一句諺語相似：「不怕虎生三張口，只怕人懷兩樣心！」

也許有人要質疑，先賢先哲的訓示不是都要求我們要眞心待人，爲什麼這會兒又要與人保持距離呢？

這是因爲，意外的發生並不是完全單方面的，很多時候是我們自己的疏忽與輕信，而讓自己遭遇傷害，深陷危機。

所以，「防範未然」確實是現代社會中人際交流的必備態度，就像故事中兩位不同處理態度的商主，演變出兩種不同的結局。

只要我們能保持一份警覺心，適度地提防某些人，我們便能保護自己，並避免掉一些不必要的意外災難。

對症下藥，才能出現療效

雖然我們應該有些堅持，然而在執著的同時，我們也要懂得適當的轉彎，因為，即使路的方向正確，也不會是絕對筆直的。

碰到不順遂或覺得不公平的事情，不要急著生氣跳腳，而要試著改變態度、轉換念頭，先了解原因何在。

不能因為自詡個性直率，而堅持要讓自己只有一個處理態度，人是活的，凡事我們都應有不同的處理方式，才能對症下藥，將問題根治。

從前有個愚鈍的國王，日子過得非常糊塗，不管是面對國家大事還是大臣們的建議，他的態度總是得過且過。

宮中的御醫也是如此，面對糊塗的國王，在用藥上也是胡亂給藥，只要國王不舒服，他就會開一種名爲乳劑的藥品給國王吃。

神奇的是，他很幸運，每一次都能輕鬆過關，因此國王對他的「醫術」也非常信任，還經常賞賜禮品給他。

有一回，國王忽然染患重病，庸醫仍然給國王吃乳劑，只是這回卻沒那麼幸運了，不僅乳劑無效，國王的病情還日漸惡化。

所幸，有位大臣爲了國家與國王安危，立即請來了一位外國醫生。據說這位醫生有藥到病除的能力，診察完國王的病況之後，便開了一帖藥方。

果然是位神醫，國王吃了一帖藥之後，一覺醒來，身體便舒服許多，再服用了兩三帖後，大病也迅速地痊癒了。

康復後的國王立即召來這位神醫，封他爲新御醫，並問他：「爲什麼舊御醫開很多藥給我吃都吃不好？而你只開一帖藥，我就立刻舒服了呢？」

新任御醫道：「國王，其實我想建議您，希望您以後別服用乳劑了，這個東西吃太多對身體不好。」

國王非常相信新御醫的話，於是馬上下令，凡是生病的人一律禁用乳劑，從此，乳劑在這個國家再也沒有出現了。但是，幾年之後的某一天，國王又生病了，御醫爲國王詳細診察之後，居然勸國王要服用乳劑。

國王一聽，非常不悅地說：「你是不是被我傳染了，也病昏了頭？上一次你才叫我不要吃乳劑，怎麼今天卻又要我吃乳劑？那不是有害的嗎？」

御醫面有愧色地回答說：「還請國王原諒，我上次說得太快了，乳劑雖然不好，但是，在適當的情況之下還是可以用它的，像這次您患了熱症，就應當用乳劑來治療。」

沒想到國王不能瞭解，還大聲地怒斥道：「是你要我禁用乳劑的，現在你卻又說它是好東西，那也就是說，以前的御醫果然比你高明囉！」

新御醫冷靜地說：「大王，您誤會我的意思了，您說的舊御醫其實根本不懂醫理，更不懂得藥性，他對任何病症都只會用乳劑來醫治，這是不對的。所謂『對

症下藥』，藥品只要應用得當，乳劑也能救命，不過若像他那樣胡亂運用，不僅傷身，應用不當便要送命了。」

愚笨的國王聽了這席話，終於明白其中道理，乖乖地吃過了乳劑，病情果然也就好轉，於是解除使用乳劑的禁令。

一個方法通到底，很容易因爲過度的固持己見，而導致錯誤百出，甚至延誤病情，錯失了治療的良機。所以，故事中所要傳達的，正是「對症下藥」的觀念。

在生活中，面對不同的人，我們就應該有不同的交流方式，面對不同的事物，也應該有不同的處理方法。

不要癡愚地固執「直行」，雖然我們應該有些堅持和原則，然而在執著的同時，遇到特殊狀況我們也要懂得適時轉彎，因爲，即使路的方向正確，也不會永遠是筆直的。

不必奢求十全十美

在我們生活之中，所有的事物都是自然發生、自然結果，任何刻意的改變並不會讓它變得更加美好，一切只會變得更為虛假。

絕大部分的人都知道，要用寬容的心情看待不完美的事情，才能過著幸福的日子。

但事實上，有些人卻硬要和自己過不去，凡事都奢求十全十美，不但把自己搞得疲累不堪，連帶著殃及週遭的人。

你懂得缺陷美嗎？

你知道，十全十美原來也是一種缺陷嗎？

所謂「麝因香重而早亡」，正是十全十美的另一種缺陷啊！

別忘了「物極必反」的道理，我們何必爲了強求完美的一切，而煩憂不已，最後又失去自然天生的美麗呢？

有一則寓言故事說，從前有一個男子，娶了一個非常懂得理家的老婆，他的妻子不僅能幹，而且德性也是人人稱讚。

然而，在外貌上她卻有一個缺點，那便是她長了個歪鼻子，也因爲這個歪鼻子，男子對他的妻子諸多抱怨。

這天，男人看著妻子的臉，居然心想：「我一定要想辦法幫老婆找到一個漂亮的鼻子！」

到了午后，這個男子在微風的吹拂下，昏昏沉沉地打起了盹，迷迷糊糊之中，他似乎走出了大門，來到街上閒逛。

他發現，走在大街上的年輕婦女，容貌都長得端正秀麗，這時迎面來了一位

貴族打扮的女子，鼻子長得更是端正而豐厚，十分美麗。

轉念間，他忽然想到：「如果能夠把這個美麗鼻子放到我老婆的臉上，一定會非常完美！」

爲了這個鼻子，男子像個瘋子似的，居然拿起刀子，將女子的鼻子割了下來，然後帶著血淋淋的「美鼻」，狂奔回家。

當他看見妻子，也立即割下她的歪鼻子，接著拿出那只「美鼻」，往妻子的臉上貼去。

然而，不管他怎麼弄，「美鼻」就是無法服服貼貼地裝在老婆的臉上，甚至，比對了之後，他發現，這只「美鼻」似乎並不適合老婆的臉。

忽然，老婆尖叫了一聲，只見她臉上鮮血直流，恐怖至極，而且不斷對著丈夫怒吼：「你，害死了我！」

當男子驚慌失措時，天上忽然掉下了許多「美鼻」，男子驚嚇地狂奔出去，突然「碰」地一聲……

原來，男子從椅子上跌了下來，而他的老婆以爲發生了什麼事，連忙跑了出來：「怎麼了？」

男子看著老婆，發現原來是一場惡夢，這才放心地說：「沒事，我只是望著妳的美麗鼻子，出神了。」

老婆困惑地問：「是嗎？你平日最厭煩的，不是我這只歪鼻子嗎？」

在我們生活之中，所有的事物都是自然發生、自然結果，任何刻意的改變並不會讓它變得更加美好，一切只會變得更爲虛假。

所以，故事中的旨意要告訴我們：「不必刻意要求外在事物變得十全十美，只要心懷十全十美，你便擁有了真正的十全十美。」

那麼，怎樣才算是最美麗的鼻樑？

當你站在鏡子面前，用欣賞的眼光肯定著獨一無二的自己，就沒有人能否定你的美麗容貌了。

忘恩負義不會有好下場

能心懷感恩，對我們有利沒有弊，因為那不僅能消除你我心中的仇恨或怨懟，而且更能為我們增加生命的充實感與幸福感呢！

我們都知道，時時刻刻都心懷感恩的人，待人必定忠誠無二，處事之時也必定腳踏實地。他們絕不會爲了一己之私而犧牲他人，而是會爲了謀取彼此的最大利益而無悔付出。

在印度恆河邊，出現了一隻體態健美的九色鹿。

每當牠在河邊飲水時，有一隻烏鴉都會飛到樹梢來陪伴牠，結成知己的牠們，經常結伴同遊，生活過得也相當恬靜舒適。

這天，恆河上漂來了一個載浮載沉的人，在水中不斷叫喊著：「諸神呀！誰來救救我啊！」

正在河邊吃草的九色鹿，聽見水中傳來求救聲，連忙跑到水中，將那個人救上岸。

被救起的人，感激地朝著九色鹿拜謝：「神鹿呀！您眞是我的救命恩人，我不會忘記你的恩德，我願意天天割草挑水，運送食物給您，讓我好好地報答您的救命之恩。」

九色鹿疲累得躺在河邊休息，聽完這個人的話語之後，搖了搖頭，好似在說：「不用了！那是我應該做的，只要你別告訴別人我的行蹤即可，因爲獵人們會來傷害我的生命。」

那個人看見九色鹿搖頭，似乎也明白牠的意思，點了點頭，旋即離開。

不久之後，皇后夢見了一隻漂亮的九色鹿，美白如雪的鹿角，加上美麗非凡

的花紋，令她非常著迷。一覺醒來後，皇后立即向國王撒嬌著：「國王呀，我要用九色鹿的皮來做墊子，用鹿角做拂塵，你一定要幫我找到這兩樣東西，不然我就不要活了。」

國王安撫道：「放心，我一定會幫妳找到的！」

於是，國王公告，只要有人能捉來九色鹿，便賜予他金銀財寶和官職。

那位被鹿救起的人聽到了這消息，覬覦著優渥的獎賞，竟然心生歹念，忘了曾經對九色鹿的承諾。於是，他來到國王面前稟告：「我知道九色鹿在哪裡，請國王多帶一些兵馬捕捉。」

這個忘恩負義的人，帶著兵隊，浩浩蕩蕩地朝著九色鹿的方向前進，然而就在這個時候，他臉上忽然長滿癩痢，而且看起來很痛苦的模樣。

但是，他卻仍然不知悔改，繼續朝著九色鹿的地方走去。

這會兒，九色鹿仍然很安穩地在樹下睡覺，站在高處的烏鴉，發現朝著森林疾馳而來的人馬，立即大聲道：「鹿呀！有人來捉你了！」

很快地，森林便被兵馬重重包圍，九色鹿自知不能逃脫，只好直奔出來，軍隊一見到牠，立即舉箭，準備射殺。就在這個時候，九色鹿突然開口說話：「不要射我，我有話要向大王稟告。」

國王聽見鹿居然會說人語，不由一怔，只見九色鹿跪在國王面前，哀訴道：「我有功於國家，為什麼大王要捉我？是誰告訴大王我的住處？」

國王指著那個忘恩負義的人說：「是他，但你怎麼有恩於國家呢？」九色鹿答道：「我曾經救國王的子民，就是這人！」

接著，牠將前因後果一一詳述，國王聽了之後，憤怒地對著癩人罵道：「你居然恩將仇報，真是禽獸不如，來人啊，快把他捉回去審判。」

接著，國王還下令，禁止人民在此地打獵，違者與殺人同罪，從此，這個地方便成了群鹿的樂園，人們稱之為「鹿野苑」。

忘恩負義的人總是為了一己之私，而犧牲大多數人的利益，所以梁啓超曾強烈地批評道：「忘恩負義者不齒於社會。」

故事中的國王很清楚，一個不能忠於救命恩人的傢伙，是不可能會忠於他的國家社會的，這種人自然要給予嚴懲。

其實，能心懷感恩，對我們有利沒有弊，因爲那不僅能消除你我心中的仇恨或怨懟，而且更能爲我們增加生命的充實感與幸福感呢！

大家都喜歡和心懷感恩的人在一起，但是，懷抱感恩的心就要從自己做起，因爲，當我們能將別人的恩惠點滴放在心頭，願意與人分享幸福滋味時，我們還能爲彼此共享雙贏的局面。

不要讓虛榮心戕害你的生命

有人為了面子，輕易地放棄了生活中最重要的一切，為了這麼一個小小的面子，甚至願意遺棄生命中最可貴的一切。

人生不可能沒有失意、挫折、煩惱，人與人之間也不可能沒有摩擦、齟齬，想活得安樂，就必須學會轉換心情看事情，不要讓生活中的小事困擾自己，更不要因爲虛榮心而戕害自己的生命。

只要願意坦然面對，一切的問題都會迎刃而解。與其執著面子問題，何不帶著微笑輕鬆做自己？

不論是禪學佛說，還是勵志小語，其中共通的精神目標都是要讓我們知道：

「只要能擁有自己，你就已經擁有了一切！」

許多人解脫不了的，不是現實環境的惡劣，而是不願意敞開自己的心扉，只想著鑽進黑暗之中，放棄高掛天空的希望光照。

有個名叫提韋的婆羅門婦人，原本生活在一個富裕之家，但是，自從丈夫死了之後，家道便日漸中落。

過慣了好日子的提韋，生活虛開銷逐漸吃緊，然而為了身份和面子，她卻連一個傭人也沒有解僱。

因為，她堅持：「寧願死，也不能失去面子。」

正因為這樣的固執，居然讓生活日漸困苦的提韋，心中產生了放棄生命的念頭，也相信這樣的錯誤觀念：「要求得快樂，必須以痛苦來換取，也就是說，死亡之時如果熬得越痛苦，來世便能享受更多的快樂。」

提韋心想：「如果被活活燒死，我就能換得來世的快樂，再者，死了我就不

必再忍受這些生活壓力，而在名譽方面，我還可以聲稱說是爲了求道而死，嗯！這樣也算圓滿。」

所幸，她的念頭被辯才尊者發現了，這天尊者來到她家，希望能點化她。

尊者對提韋說：「因爲負不起家裡的重擔，妳竟然想燒身求死，是不是？不過，我必須先提醒妳一件事，事實上，那一點也不能免除妳的責任，反而會加重妳的罪業。因爲，前生的惡業如果沒有受完，來世妳還是要再繼續。還有，自焚身體是一種重罪，焚身也是自殺的行爲，在阿鼻地獄，妳將晝夜焚燒，一整天不斷地經歷，而且要一直燒到幾萬年才能夠消除。」

提韋聽完尊者的話，心中似有所悟，當她還想發問時，尊者像看透她心意似的說：「一切的善惡都是由一顆心引起，如果妳心存惡念，即便是明朗的月亮，也會像被烏雲遮蔽一樣，顯不出它的光明。唯有一心行善，惡念不存，那麼，就會如清風吹開烏雲，月亮便能立即展露光芒，而妳不但能滅除罪惡，對來世也更有好處。」

提韋點了點頭，接受了尊者的教訓。從此，她奉行佛教，並發心願，解救衆

生的苦痛，最終也證得聖果。

聽見「寧願死，也不能失去面子」時，你是否也感到驚訝，原來人們的執迷不悟竟然如此相近！

殊不見，有人就像提韋一樣，爲了所謂的面子，輕易地放棄了生活中最重要的一切，爲了這麼一個小小的面子，甚至願意遺棄生命中最可貴的一切。

爲了面子問題，我們都曾經誤入歧途，雖然我們沒有嚴重到像提韋一樣，差點要用生命來換取，然而，這種錯誤的觀念和消極的想法，卻是許多現代人都有的，不是嗎？

凡事換個角度看，因爲生命的關鍵時刻是在「當下」，生活再困苦也會過去，面子再難堪，都已經是過去的了，我們眞正要在意的是：「此刻，我們要走出困苦和難堪。」

改變想法，就會改變你的做法

作　　者　黎亦薰
社　　長　陳維都
藝術總監　黃聖文
編輯總監　王郡凌
出 版 者　普天出版家族有限公司
新北市汐止區忠二街 6 巷 15 號
TEL / (02) 26435033 (代表號)
FAX / (02) 26486465
E-mail：asia.books@msa.hinet.net
http://www.popu.com.tw/
郵政劃撥 19091443 陳維都帳戶
總 經 銷　旭昇圖書有限公司
新北市中和區中山路二段 352 號 2F
TEL / (02) 22451480 (代表號)
FAX / (02) 22451479
E-mail：s1686688@ms31.hinet.net
法律顧問　西華律師事務所・黃憲男律師
電腦排版　巨新電腦排版有限公司
印製裝訂　久裕印刷事業有限公司
出 版 日　2022 (民 111) 年 7 月第 1 版
I S B N◎978-986-389-832-0　　條碼 9789863898320

國家圖書館出版品預行編目資料

改變想法，就會改變你的做法／
黎亦薰著.—第 1 版.—：新北市,普天出版
民 111.7 面； 公分. - (生活良品；53)
I S B N◎978-986-389-832-0 (平裝)

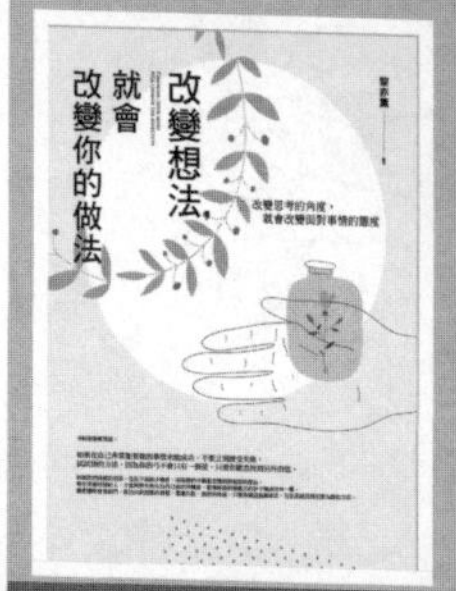

生活良品
53

普 天 之 下 · 盡 是 好 書
普天 出版家族
Popular Press Family
凌雲 文創
A-Plus
Creative Company